부당세습

The 9.9 Percent is the New American Aristocracy
by Matthew Stewart

This Korean edition was published by arrangement with Tribune Content Agency(Chicago).

부당 세습

불평등에 공모한 나를 고발한다

매튜 스튜어트 지음
이승연 옮김 이상헌 감수·해제

이음

일러두기

○ 번역 과정에서 추가된 옮긴이 주는 [ ]로 표기했다.

○ 원문에 나오는 '%'가 그룹 범위를 가리킬 때는 '퍼센트'로 번역했고, 통계 단위로 쓰일 때는 '%'로 표기했다.

○ 이 책은 미국 시사 월간지 『애틀랜틱』의 2018년 6월호에 실린 글 「미국의 새로운 귀족 계층, 9.9퍼센트」"The 9.9 Percent is the New American Aristocracy"를 번역한 것이다.

○ 주요 개념인 merit는 '능력', meritocracy는 '능력주의', meritocratic class는 '능력자 계층'으로 번역했다.

차례

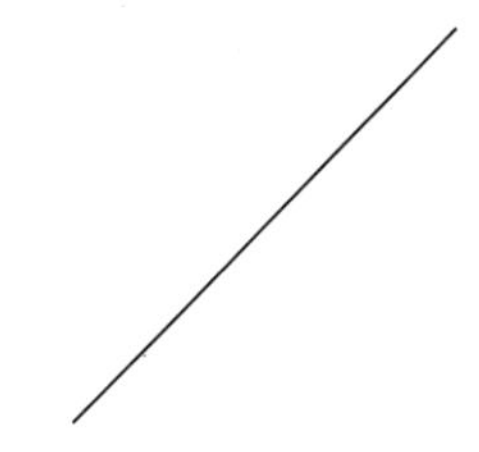

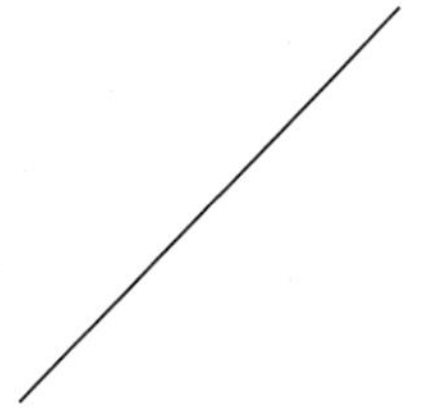

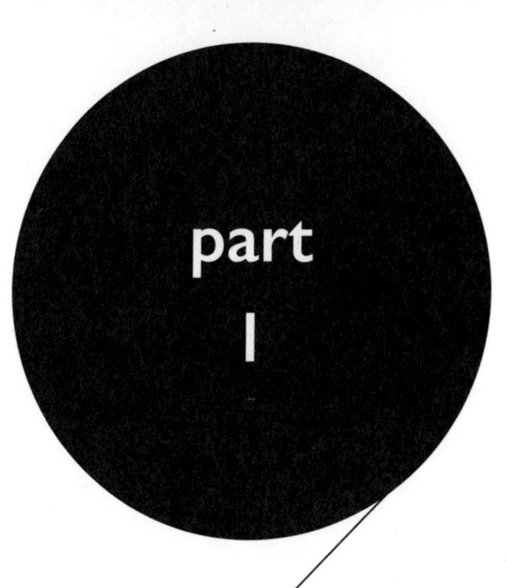

새로운 귀족 계층의 출현

나는 어린 시절 해마다 일주일 정도는, 미국에서 공식적으로는 사라진 귀족 계층의 일원으로 살았다. 크리스마스 시즌이나 독립기념일에, 우리 가족은 시카고나 팜비치, 또는 노스캐롤라이나 애시빌에 있는 조부모님의 컨트리클럽에 머물렀다. 조식 뷔페는 근사했으며, 할아버지는 아주 쾌활한 태도로 손님을 맞이하는 집주인이었다. 그는 언제든 가족사를 풀어놓았으며, 기회가 있을 때마다 클럽하우스 내에서 지켜야 할 에티켓을 상냥하게 가르쳐주셨다. 내가 11살이나 12살이었을 때 할아버지가 담배 연기를 내뿜으며 들려주신 이야기로 짐작해보면, 우리가 클럽하우스에서 보냈던 풍요로운 시간들은 증조할아버지인 로버트 스튜어트 대령 덕분이었다. 테디 루즈벨트 대통령과 함께 의용 기병대의 일원이었던 증조할아버지는, 1920년대에 인디애나 스탠다드오일 회사 회장으로 재직하며 재산을 모았다. 하지만 해묵고 불가해한 분쟁들 때문에, 한때는 동업자였던 록펠러 가문이 이제는 우리 가문의 철천지원수라는 것도 그때 들었다. 꽤 많은 시간이 흐르고 나서야, 나는 증조할아버지와 거대 록펠러 가문의 인연에 대해 당시에 들은 이야기 중 꽤 많은 내용이 진실과는 거리가 있다는 사실을 알게 되었다.

그렇게 일주일을 보내고 나면, 우리는 집으로 돌아갔다. 현실의 삶은 1960~1970년대 미군 군사 기지와 인근 동네가 배경인 진취적인 중산층의 세계에 속해 있었다. 그곳에서의 생활도 좋았지만, 그래봐야 냉동 피자를 먹고, 시리얼로 아침 식사를 하는 수준이었다. 부모님이 새로 산 폭스바겐 캠핑카를 몰고 집에 돌아왔던 날이 우리에게는 가장 자랑스러운 한때였을 정도다. 나이를 먹을수록, 애국주의자들과 함께 하는 격식 차린 점심 식사와 관례적인 브리지 게임으로 보내는 클럽하우스에서의 휴가는 차츰 우스꽝스럽고 불쾌한 일로 느껴졌다. 마치 인생에서 이루어낸 성취라고는 남들에게 과시하는 일밖에 없는 사람들이 벌이는 끝없이 긴 생일 파티 같았다. 나는 능력merit으로 앞서 나간다고 믿는 새로운 세대에 속했으며, 우리 세대는 능력을 다음과 같이 직설적으로straightforward 정의했다. 높은 시험 점수와 평가 등급, 경쟁력 있게 채워진 이력서, 보드게임과 길거리 농구에서의 승리. 그리고 물론 생계 유지도 능력에 포함된다. 내 경우엔 이웃들을 위해 잡일을 처리하고, 동네 패스트푸드점에 출근하고, 장학금을 받아서 대학원까지 졸업하는 일도 여기에 해당되었다. 나는 태어날 때 많은 혜택을 물려받았지만, 돈만은 그 혜택에서 빠져 있었기 때문이다.

이제 나는 새로운 귀족 계층이 되었다. 나를 포함한 이 계층의 구성원들은 자신의 능력으로 성공했다고 말하긴 하지만, 그럼에도 불구하고 우리가 귀족 계층이라는 것은 엄연한 사실이다. 『애틀랜틱』[1857년에 창간한 미국 시사 월간지. 랠프 에머슨, 헨리 롱펠로 등 저명한 미국 사상가와 문화예술인들이 창간을 주도했으며 노예 제도 폐지, 교육 개혁 등의 주제를 다뤘다. 현재까지 미국 지식인층이 즐겨 읽는 잡지로 꼽힌다]의 일반적 독자라면, 당신 또한 이 계층의 일원일 것이다. (그렇지만 혹시나 당신이 새로운 귀족 계층의 일원이 아니라면, 이 신흥 계층에 대한 이야기가 몹시 걱정스럽더라도, 훨씬 더 주의 깊게 받아들이기를 바란다) 물론, 내가 속한 새로운 그룹에는 칭찬할 만한 장점도 많다. (이유는 뒤에서 다시 설명하겠지만) 나는 이 그룹을 9.9퍼센트라고 부르겠다. 우리 그룹은 낡은 드레스 코드를 벗어던졌고, 사실을 신뢰하며, 피부색이나 인종이 (어느 정도는) 예전보다 다양하다. 나처럼 예전 지배층의 생활을 어렴풋하게나마 기억하는 사람들은 거의 없다.

사회학적인 측면에서든 재정적 측면에서든, 우리 9.9퍼센트가 되는 건 좋은 일이다. 우리의 자녀가 되는 건 그보다 더 좋다. 재정 상태는 말할 것도 없고 건강, 가정생활, 교우 관계, 교육 수준 등 여러 면에서 우리는 하위 계층의 경쟁자를 압도하고 있다. 하지만 우리가 스스로를 비춰보는 거울 정중앙에는 사각지대가 있다. 우리는 자신이 얼마나 빠르게 변형되어morph왔는지, 혹은 어떤 모습으로 변형되어왔는지를 누구보다도 더 늦게 알아채는 듯하다.

새로운 귀족 계층인 능력자 계층meritocratic class은 다른 사람들의 자녀를 희생양으로 삼아 부를 축적하고 특권을 대물림하는 오래된 술책을 터득했다. 우리는 이 시대에 점점 심각해지고 있는 부의 편중과 관련해 아무 잘못도 없는 방관자가 아니다. 서서히 미국 경제의 목을 죄고, 정치적

안정을 위협하고, 민주주의를 갉아먹는 과정의 주요 공범이다. 우리는 능력에 대해 크게 오해하는 바람에, 우리가 하나의 계층으로 부상한 데 따르는 문제의 본질을 인식하지 못하고 있다. 우리는 우리의 성공으로 인한 희생자들을 단순히 능력이 모자란 탓에 우리 계층에 진입하지 못한 사람들로 생각하는 경향이 있다. 하지만 우리가 벌이고 있는 이런 종류의 게임에서는, 결국 모두가 처참하게 패배한다는 것이 역사적으로 명백한 사실이다.

part 2

9.9퍼센트의 은밀한 정체

우선 돈 얘기부터 시작해보자. 돈은 새로운 귀족 계층을 특별한 존재로 만드는 여러 요인 중 하나다. 미국 사회의 불평등 수준이 점점 심각해지고 있다는 이야기는 이미 익숙하며, 등장인물도 매번 뻔하다. 화석연료 기반 사업으로 돈을 번 재벌, 금융업계의 살찐 고양이Wall Street fat cat[탐욕스러운 자본가를 뜻하는 말로, 1928년에 저널리스트 프랭크 켄트가 발간한 도서 『정치적 행태』*Political Behavior*에서 처음 등장했으며, 2008년 글로벌 금융위기 당시 월가의 은행가와 기업인을 비난하는 말로 널리 사용됐다. 공공기관 임원의 급여를 제한하는 법령이나 조례를 '살찐 고양이법'이라고 한다], 테크 업계에서 하루아침에 벼락부자가 된 청년 기업가callow tech bro, 기타 상위 '1퍼센트'가 악역을 전담한다. 반대로 선량한 쪽은 보통 '일반 대중'이나 '중산층'으로 알려진 '99퍼센트'다. 서사는 단순하다. 모두가 한때는 평등했지만, 이제는 분리되었다. 이 이야기에는 티끌만큼 진실이 담겨 있긴 하지만, 기본적으로 등장인물과 이야기 구성이 잘못되었다.

지난 반세기 동안 부가 집중되면서 엄청난 성공을 거둔 사람들은 실은 상위 1퍼센트가 아니라 최상위 0.1퍼센트다. UC버클리의 경제학자 에마뉴엘 사에즈Emmanuel Saez와 가브리엘 주크먼Gabriel Zucman에 따르면, 최상위 0.1퍼센트에 해당하는 약 16만 가구가 차지한 부의 비율은 2012년 기준으로 미국 부의 총량 중 22%에 달했다. 1963년만 해도 이 수치는 10%에 불과했다. 이제 선거의 당락을 좌우할 정도로 많은 자금도 최상위 0.1퍼센트 내에서 충당할 수 있게 된 것이다.

상대적으로 따져보자면, 0.1퍼센트의 늘어난 부는 모두, 하위 계층으로부터 온 것이었다. 하지만 99.9퍼센트에 속하는 모두가 자기 몫을 넘겨준 건 아니었다. 하위 90퍼센트만 그랬다. 이 그룹이 국가 전체 부에서 차지한 몫이 가장 높았던 때는 1980년대 중반이고, 그 비율은 약 35%였다. 그로부터 30년이 지난 2010년대에 이 비율은

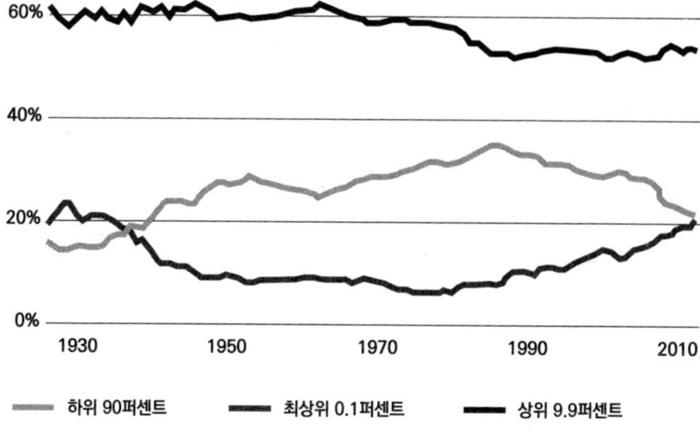

[그림 1] 세 계층의 부의 비율 추이: 상위 9.9퍼센트가 미국 사회 부의 가장 많은 부분을 차지하고 있다. (출처: 사에즈/주크먼)

12% 포인트 하락했고, 정확히 그만큼 최상위 0.1퍼센트의 부가 증가했다.

한편 최상위 0.1퍼센트와 하위 90퍼센트 사이에서 잘 버티고 있는 그룹이 있다. 이들은 지난 수십 년간 늘어난 사회 전체의 부 중에서 제 몫을 잘 지켰다. 이들 그룹은 다른 두 그룹의 부를 합한 것보다 훨씬 더 많은 부를 소유하고 있다. 이들 그룹의 부는 세 계층의 부의 비율을 표시한 그래프([그림1])에서 맨 위 검은 선으로 나타나는데, 다른 두 그룹의 상황이 들쭉날쭉하는 동안에도 안정적인 상태를 유지해왔다. 이 그룹이 바로 새로운 귀족 계층이며, 9.9퍼센트인 우리다.

그렇다면 우리 9.9퍼센트는 도대체 어떤 사람들인가? 우리는 대개 최상위 0.1퍼센트에 해당하는 대담한 정치적 조종자political manipulator들과는 다르다. 우리는 플란넬 정장을 입은 예의 바른 무리들로 변호사, 의사, 치과의사, 중급 투자은행가, 애매모호한 직함을 가진 MBA 출신이거나, 여러 가지 전문직에 종사하며, 당신이 저녁 식사에 초대할 만한 부류의 사람들이다. 사실, 우리는 눈에 띄지 않으려 애쓰며, 자기 존재를 부인한다. 우리는 스스로 '중산층'이라고 거듭 주장한다.

2016년 기준으로, 9.9퍼센트에 속하려면 적어도 120만 달러(약 14억 원)의 재산이 있어야 하며, 이 그룹의 중간쯤 가려면 240만 달러(약 28억 원)가 필요하다. 1천만 달러(약 120억 원)가 있다면 9.9퍼센트 내에서도 상위 0.9퍼센트에 든다(만일 아직 거기까지 가지 못했더라도, 마음을 졸이지 마라. 우리 클럽은 올바른 궤도에 올라 적절히 처신하는 사람들에게는 늘 개방되어 있으니까). "우리는 99퍼센트다"라는 구호는 정당하게 들리지만, 분석 결과가 아닌 구호일 뿐이다. 우리 9.9퍼센트 범위 내에서도 말단에 있는 사람들은, 다른 9.9퍼센트가 쇠스랑[pitchfork, 주식 투자분석가들이 활용하는 주가 추세 분석 툴인 앤드루스 피치포크Andrew's Pitchfork를 빗대어 쓴 표현]으로 무엇을 하는지 모를 것이다.

또한 우리는, 전부 다 그런 건 아니지만, 대부분 백인이다. 조사기관인 퓨리서치센터의 분석에 따르면, 자산 상위 10퍼센트 가구들 중 아프리카계 미국인의 비율은 1.9%에 불과하며, 히스패닉은 2.4%, 아시아계와 다민족multiracial을 포함한 기타 소수 민족은 8.8%이다. 이 그룹들을 합하면 미국 전체 인구의 35%에 달하는데도 말이다.

9.9퍼센트 사람들은 위쪽으로 고개를 치켜든 상태로 굳어져버린 바람에 인생의 위험을 자초하고 있다. 우리는 경외와 선망과 순종의 열망이 뒤엉킨 복잡한 마음으로 0.1퍼센트를 우러러본다. 그러느라, 우리 시대의 다른 한편에서 벌어지고 있는 이야기의 큰 흐름을 놓치고 있다. 우리는 앞으로 달려나가며, 우리 뒤편 먼지가 이는 길에 90퍼센트를 내버려두었고, 그쪽으로 장애물을 마구 내던져서 그들이 절대로 우리를 따라잡지 못하도록 했다.

전체 미국인 자산 분포wealth distribution의 정중앙에서 인생을 시작하는 사람이 있다고 가정해보자. 그가 9.9퍼센트에 들어가려면 얼마나 높이 뛰어올라야 할까? 재정적인 면만 고려하면, 측정도 간단하고 추세도 명확하다. 1963년이라면, 자산을 6배 불려야 했을 것이다. 하지만 2016년에는 그 2배, 즉 자산을 12배는 늘려야 간신히 우리 9.9퍼센트 그룹에 들어올 것이다. 간당간당 매달리는 정도가 아니라 우리 그룹의 중간쯤에 자리 잡으려면 자산을 25배는 늘려야 한다. 이런 수치만 놓고 보면, 2010년대는 1920년대와 굉장히 유사하다.

유색 인종의 자산 분포 중간 지점에서 시작하는 사람이라면, 장대높이뛰기 기술이라도 연마하고 싶을 것이다. 워싱턴 D.C.의 정책연구소The Institute for Policy Studies가 추산한 바에 따르면, 2013년에 아프리카계 가정의 순자산 중간값은 1,700달러(약 200만 원), 라틴계 가정의 중간값은 2,000달러(약 240만 원)였던 반면에, 백인 가정 중간값은 116,800달러(약 1억4천만 원)였다. 2015년 보스턴에서 이루어진 연구에서는 백인 가정 자산의 중간값이 247,500달러(약 2억9천만 원)였던 반면에, 아프리카계 미국인 가정 자산의 중간값은 8달러(약 9,500원)였다. 실수로 잘못 쓴 게 아니다. 8달러면, 그란데 사이즈 카푸치노 2잔 값이다. 9.9퍼센트에 들어가려면 추가로 30만 잔의 카푸치노 값이 더 필요하다.

○

'이런 건 별로 문제가 아니다'라는 말을 종종 듣게 되는데, 미국 사회에서는 모두에게 도약할 기회가 열려 있기 때문이다. 이처럼 계층 이동성social mobility은 불평등을 정당화한다. 하지만 이는 원칙적으로도 사실이 아니며, 실제 미국 사회에서도 사실이 아님이 검증되고 있다. 일반적인 믿음과는 달리, '기회의 땅'이라는 미국 사회에서도 계층 이동성은 그리 높지 않으며, 오히려 점점 더 낮아지고 있다.

당신이 사회경제적인 계층 사다리를 타고 있다고 상상해보자. 당신의 발목에는 고무줄이 감겨 있고, 고무줄의 끝은 사다리의 가로대 중 하나에 묶여 있다. 그 가로대가 바로 부모가 속한 계층이다. 당신이 태어날 때 있었던 가로대에서 탈출하는 일이 얼마나 어려울지는 고무줄의 강도에 따라 다르다. 부모 계층이 사다리의 높은 쪽에 있다면, 당신이 떨어지려 할 때 고무줄이 끌어올릴 것이다. 반대로 부모가 사다리의 낮은 쪽에 있다면, 당신이 올라가려 할 때 고무줄이 끌어내릴 것이다. 이 개념을 경제학자들은 '세대 간 소득 탄력성'IGE, intergenerational earnings elasticity 수치로 표현한다. 이는 자녀의 평균 대비 소득 편차에 부모의 소득이 얼마나 영향을 미치는지를 측정한 값이다. 어떤 사회의 IGE가 0이라면 부모의 소득이 자녀의 소득에 전혀 영향을 미치지 않는다는 뜻이다. IGE가 1이라면 자녀의 운명은 세상에 태어난 바로 그 순간 부모의 계층에 따라 결정되어버린다는 뜻이다.

뉴욕시립대 경제학과 교수 마일스 코락Miles Corak에 따르면, 미국의 IGE는 50년 전에는 0.3 미만이었지만, 지금은 약 0.5이다. 미국 사회에서, 부모가 결정되는 순간에 당신의 인생 게임은 이미 절반쯤 끝나버린다. 미국의 IGE는 이제 거의 모든 개발도상국보다 더 높다. 이 수치가 의미하는 계층 이동성만 놓고 보면, 미국은 일본이나 독일보다는 칠레나 아르헨티나와 훨씬 더 비슷한 사회다.

사다리에서 가장 팽팽한 고무줄이 어디에 위치해 있는지 살펴보면, 훨씬 더 당혹스럽다. 캐나다와 비교해 설명해보자. 캐나다의 IGE는 미국의 거의 절반이지만, 10분위로 나누어진 계층 사다리의 중간 가로대에서 태어난 자녀들이 바로 위나 아래의 소득 분위로 이동하는 수준은 미국과 비슷하다. 두 국가 간 차이는 사다리의 양 끝에서 나타난다. 미국에서는, 10분위 중 최하위에 속하거나, 최상위—즉 9.9퍼센트—에 속하는 자녀들은 거의 태어난 위치에 그대로 머무른다. 기회의 땅이라는 이곳에서는, 키 큰 나무일수록 과실이 더 가까이에 떨어지는 셈이다.

이 같은 소득 분위별 분석은 미국에서 점차 진화하고 있는 계층 시스템을 이해하기 위한 개략적인 출발점일 뿐이다. 사람들은 사회적인 계층 변화를 수반하지 않은 자산 내역 변화를 수시로 겪으며, 스스로 남들의 판단과는 다른 계층에 속한다고 여기기도 한다. 금융 통계의 추세는 심층적 변화 과정을 설명하기에는 불충분하지만, 우리 사회에서 벌어지고 있는 기이한 변화의 중요 국면을 드러내고 있다.

오바마 행정부의 경제자문위원회 위원장이었던 경제학자 앨런 크루거Alan Kruger는 몇 년 전 국가별 계층 이동성 데이터를 검토하던 중에, 우리가 처한 현 상황의 기저에 깔린 변화 과정을 깨달았다. 그는 앞서 본 '계층 이동성의 감소'와 '불평등의 증가'가 각각 물 위를 떠다니다 우연히 같은 해안에 동시에 모습을 드러낸 두 개의 나뭇조각이 아니라는 점에 주목했다. 두 가지 현상은 모든 해안에서 함께 나타난다. 국가 간 비교를 보면 불평등 지수가 높을수록 IGE도 높았다.([그림2]) 마치 인간 사회에는 애초부터 분리 성향이 있는 것처럼 말이다. 게다가 계층 간 격차가 벌어지면서, 계층 분리는 더욱 공고해진다.

경제학자들은 신중한 존재들이므로, 이 같은 그래프가 나타내는 것이 인과관계가 아닌 상관관계에 불과하다고 할 것이다. 상위 계층을 차지하고 있는 우리에게는 편리한 구실이다. 미국 사회의 능력주의meritocracy 신화를 살려둘 수 있기 때문이다. 이 신화에 따르면 우리의 성공은 다른 사람들의 실패와는 무관하다. 마음이 놓이는 생각이다. 하지만 전세계적으로도, 그리고 전 역사를 통틀어서도

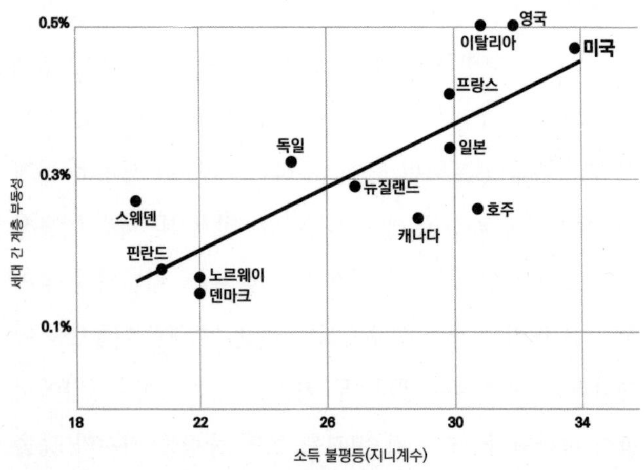

[그림 2] 위대한 개츠비 곡선: 불평등과 계층 부동성은 함께 움직인다 (출처: 코락)

부유한 사람들은 노골적으로 계층 공고화를 도모해왔다. 이들은 생산 활동에서 돈을 빼돌려서 그 돈을 장벽 안쪽에 쌓아두었다. 역사적으로 어느 그룹보다 앞서 이 장벽을 유지하고 방어하는 역할을 자처한 사회적 그룹이 있었다. 예전에는 이 그룹에 속한 사람들을 귀족이라고 불렀다. 그리고 이제 우리가 바로 그 역할을 하는 9.9퍼센트이다. 옛 귀족과 우리 사이에 주요한 차이점이 있다면, 상위를 지키기 위해 전략적으로 중산층인 척하는 방법을 궁리해냈다는 점이다.

크루거는 [그림 2]에 제시한 그래프를 매우 좋아한 나머지, '위대한 개츠비 곡선'이라는 이름을 따로 붙이기로 했다. 이는 탁월한 선택이었으며, 내게도 매우 와닿았다. 아메리칸 드림의 붕괴를 그린 스콧 피츠제럴드의 소설 『위대한 개츠비』의 배경은 1922년이다. 그 무렵에 나의 증조할아버지는 비밀리에 스탠다드오일에서 돈을 빼돌려서 캐나다의 유령 회사[콘티넨털 무역회사]에 옮겨 넣었다. 『위대한 개츠비』가 출간된 1925년에는 증조할아버지가 소유한 유령 회사의 채권이 미국 내무장관에게로 흘러 들어간 증거를 특별검사가 찾아내고 있었다. 『위대한 개츠비』의 작가가 파리의 카페를 누비며 술을 마시고 있던 바로 그때, 나의 증조할아버지는 티포트돔 스캔들Teapot Dome scandal[미국의 권력형 비리의 대표적 사건. 티포트돔 지역에 해군이 만든 석유저장소의 운영권을 민간 석유업자에게 넘기는 과정에서 미국 대통령, 내무장관이 연루된 스캔들로 엄청난 액수의 뇌물이 오고 감]에서 맡았던 역할에 대해 미국 상원에 출두해서 증언하라는 소환장을 피해 도망 다니는 중이었다. 지금 우리는 1928년에 증조할아버지 세대가 이루어낸 불평등의 정점에 거의 다다랐다. 틀림없이, 그때 그들도 불평등이 영원히 이어질 거라고 생각했을 것이다.

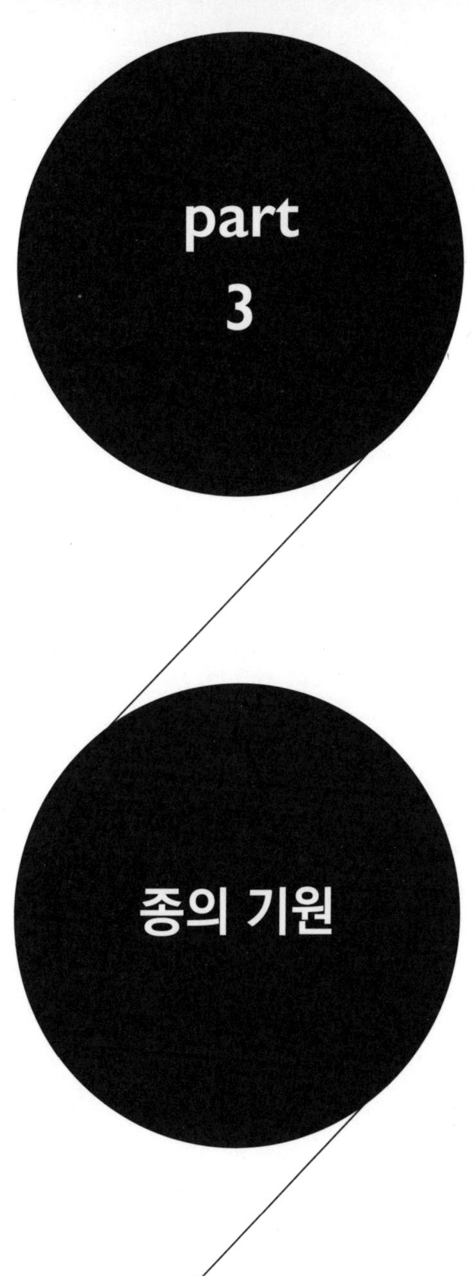

part 3

종의 기원

돈으로 사회 계층을 살 수는 없다. 할머니는 늘 그렇게 말씀하시곤 했다. 하지만 돈으로 사설탐정을 살 수는 있다. 할머니는 켄터키 사교계에 데뷔했고, 한때는 패션모델이었다(정말 기묘한 일이지만, 『위대한 개츠비』에 나오는 데이지 부캐넌과 비슷하다). 그러므로 할머니는 장남이 스페인 여성과 결혼하겠다고 선언했을 때 무엇을 해야 할지를 알았다. 지체하지 않고 조사에 들어간 사설탐정은 예비 신부의 가족이 바르셀로나 거리에서 신문을 팔아 생계를 꾸리고 있다고 알려왔다. 할머니는 즉시 장남에게 그 여성과의 모든 연락을 중단하라고 명령했다(외가는 대규모 종이제품 공장을 소유하고 운영하는 가문이었다). 손주가 태어나고 나서야 할머니는 태도를 누그러뜨렸다. 본인의 의무를 다하기로 결심한 할머니는, 이 새로운 가족이 당시 하와이 군사기지에서 지내고 있는데도 굳이 뉴욕의 『사교계 명사 인명록』에 등록시켰다.

사회학자들이 쓰는 딱딱한 용어를 빌려서 말하자면, 할머니는 가문의 사회자본을 열심히 관리했다. 할머니는 스페인 거리에서 생활하는 부랑자 가족이 자기 가문의 사회자본을 훔쳐가게 놔둘 생각이 없었다. 할머니가 믿고 있던 사실은 틀렸을지라도, 할머니가 취했던 태도에는 일리가 있었다. 돈이 자산을 측정하는 척도이기는 하지만, 절대로 유일한 척도는 아니다. 가족, 친구, 소셜 네트워크, 건강, 문화, 교육, 그리고 생활 반경조차도 모두 부유함과 연관된 요소다. 이런 금전 이외의 자산은, 우리 귀족 계층 구성원들이 누리는 단순한 특전이 아니다. 이런 것들이 우리를 규정한다.

우리는 좋은good 가족의 일원이었으며, 좋은 건강 상태를 지녔고, 좋은 학교에 다녔으며, 좋은 이웃들과 좋은 일자리가 있었다. 우리는 스스로를 9.9퍼센트보다는 "다섯 가지 좋은 것을 갖춘"5Gs 사람들으로 규정하고 싶어 한다. 우리는 이제 이 다섯 가지 측면 모두에서 그다지 좋지 못한 상태에 있는 사람들에게서 멀리 떨어져 나왔으며, 새로운 종種처럼 되어가고 있다. 할머니 시대에 그랬듯이, 종의 분화 과정은 사랑 이야기—원한다면, 이를 성 선택sexual selection이라 부를 수도 있다—에서 시작된다.

이 과정을 다르게 표현하자면 선별적 짝짓기assertive mating라고도 할 수 있다. 때로 이 용어는 인터넷 시대에 가능해진 경이로운 일 중 하나를 가리키기도 한다. 인터넷에서 팝콘은 드디어 버터를 만나고 양키스 팬은 같은 양키스 팬을 만난다. 드디어 짚신들도 제짝을 찾는 것이다! 사실, 오늘날의 선별적 짝짓기 광풍은 제인 오스틴 소설 속 여주인공들이 인정했을 법한 다음과 같은 진실로부터 비롯된 결과다. 불평등이 증가하면, 부유한 정도를 기준으로 삼았을 때 어울리는 짝의 숫자는 감소한다. 동시에 적절한 짝을 찾는 데 따르는 보상과 그 일에 실패했을 때 감수해야 하는 불이익은 증가한다. 한 연구에 따르면, 지금처럼 최종 학력을 기준으로 결혼 상대를 골랐던 시대는 1920년대였다.

다행히도 이 과정은 대부분의 사람들 눈에 띄지 않는다. 왜냐하면 우리는 일반에 개방되지 않는 대학 캠퍼스의 나무 그늘에서, 또는 영향력 있는 전문직이 모이는 회사의 신입사원 연수 기간에 제짝을 만나기 때문이다. 이렇게 끼리끼리 만나게 되면 우리는 각자의 자산을 합쳐, 미처 깨닫지 못하는 새에 두 배로 부자가 된다. 하지만 우리 할머니가 잘 알고 계셨던 것처럼, 때로는 상대방이 결혼 상대로 적절한지를 판단할 또 다른 기준이 필요할 때도 있다. 그런 면에서 실수를 저지르기 일쑤인 인간 탐정은 신기술의 상대가 되지 않는다. 예를 들어, '더 리그'the League라는 이름의 데이팅 서비스가 있다. 자신에게 어울리는 짝을 구하려는 아이비리그 졸업생들만을 대상으로 가입 신청을 받아서, 선별 과정을 거친다. 뉴욕의 신청자 중 20~30%만 가입이 허락되는 이 앱을 '엘리트 대상 틴더[커플 매칭 앱]'라고도 한다.

서울 쥐는 서울 쥐끼리 시골 쥐는 시골 쥐끼리 결혼하듯이, 선별적 짝짓기가 대칭적일 거라는 건 잘못된 생각이다. 데이터를 좀 더 잘 간추려보면 다음과 같다. 부유한 쥐는 사랑을 찾지만, 가난한 쥐는 턱도 없다. 생활을 유지하려 고군분투하는 사람들은 연애나 결혼 상대와의 관계를 지속하는 데에도 더 큰 어려움을 겪는다는 연구 결과가 나왔다. 하버드대의 정치학자 로버트 퍼트넘Robert Putman에 따르면, 60년 전에는 고졸 이하 학력의 부모에게서 태어난 아이들의 20%만이 한 부모 가정에서 생활했다. 지금은 이 수치가 거의 70%에 이른다. 이와 달리, 대졸 부모 가구에서는 한 부모 비율이 10%를 넘지 않는다. 1970년대 이래로, 대졸 부부 사이의 이혼율은 현저히 줄어들었다. 반면에 고졸 부부 사이의 이혼율은 극적으로 증가했으며, 심지어 결혼 자체가 흔치 않은 일이 되어버렸다. 스탠퍼드대 경제학자 라즈 체티Raj Chetty 팀의 연구에 따르면, 모든 지역에서 한 부모 비율은 그 사회의 계층 부동성social immobility을 측정하는 가장 중요한 예측 변수다.

개개인이 적당한 배우자를 만나서 훌륭한 가정을 꾸리려는 일이 잘못되었다는 게 아니다. 사람들은 분명 이런 식으로 행복을 찾으며, 아마도 앞으로도 늘 그럴 것이다. 그렇지만 우리의 행위가 개별적으로 떳떳하다면, 개별 행위들을 합쳐놓은 결과도 사회에 유익할 거라는 믿음은 우리 능력자 계층의 착각일 뿐이다. 우리 능력자 계층은 로스쿨 진학을 준비하면서 셰익스피어 작품을 읽었을 텐데도, 인생의 비극적 가능성을 이해하지 못한다. 진실을 말하자면, 우리는 침묵을 지키며 집단적으로 불평등을 선택했다. 그리고 이것이야말로 불평등이 재생산되는 과정이다. 결혼은 사치가 되었고, 안정된 가정생활은 부유한 엘리트층이 자녀들에게 물려줄 수 있는 특권이 되었다. 이런 식으로 일이 진행돼도, 정말 괜찮은가?

○

이런 계층별 가족 분화는 우리 사회에서 확연히 구분되는 두 가지 생활 양식 형성 과정 중 한 부분에 불과하다. 가까운 요가 학원이나 피트니스 클럽에 들러보면, 이 과정이 이제는 우리의 신체에 새겨지고 있음을 깨닫게 될 것이다. 19세기 영국의 부자들은 정말 달랐다. 그들은 돈을 더 많이 가졌을 뿐 아니라, 키가 더 컸다. 그냥 큰 게 아니라 훨씬 더 컸다. 「영국의 소인족과 거인족」이라는 선명한 제목의 연구 결과에 따르면, 상위 계층의 16세 소년의 평균 키는 영양이 결핍된 하위 계층의 또래 소년들보다 무려 22cm나 더 컸다. 우리 시대는 같은 종류의 분화를 다른 차원으로 재현하고 있다.

비만, 당뇨, 심장병, 신장병, 간 질환 모두 가구 소득 3만5천 달러(약 4,200만 원) 미만의 가족 구성원에게서, 10만 달러(약 1억2천만 원) 이상 고소득 가구 대비 2~3배 더 높은 발병률을 보인다. 중년의 저학력 백인층의 사망률은 미국에서—선진국 중에서는 유일하다— 21세기 초 15년간 증가했다. 이는 프린스턴대 경제학자 앤 케이스Anne Case와 앵거스 디턴Angus Deaton이 "절망으로 인한 사망"deaths of depair이라고 명명한 사망—자살 및 알콜, 마약과 관련한 사망—이 급격히 늘어난 탓이다.

사회학 데이터는 점점 심화되고 있는 사회적 분리를 모든 측면에서 명확하게 보여준다. 우리 9.9퍼센트에 속하는 사람들은 안전한 이웃들과 살며, 더 좋은 학교에 다니고, 통근 거리가 짧으며, 양질의 건강 관리를 받고, 상황에 따라 불가피한 경우에도 더 나은 교도소에서 복역한다. 또한 우리에게는 더 많은 친구들이 있다. 새로운 고객에게 우리를 소개하거나 우리 아이들에게 좋은 인턴 자리를 마련해줄 그런 친구들 말이다.

이러한 특별한 형태의 자산은 더 많은 혜택들을 제공한다. 고소득만 내세우는 경우와는 달리, 따라하기도 어렵고 대놓고 자랑해도 무방한 혜택들이다. 우리 계층은 별 볼 일 없는 집안 출신이라는 듯 청바지에 티셔츠를 입고 돌아다닌다. 우리는 어려서부터 유기농 식품을 먹고 자란 신체, 자녀의 놀라운 재주, 친환경적으로 행동하는 이웃들에 대해 이야기하면서 사회적 지위를 넌지시 내비치는 걸 더 좋아한다. 우리는 좀 더 고상한 덕목들로 '돈세탁'하는 방법을 궁리해냈다.

가장 중요한 사실은 우리가 이 모든 혜택을 자녀들에게 대물림할 방법을 알아냈다는 점이다. 오늘날 미국에서, 어떤 개인이 결혼을 하게 될지, 결혼 상태를 유지할지, 고등 교육을 받게 될지, 좋은 이웃들과 살게 될지, 폭넓은 사회적 네트워크를 갖게 될지, 건강을 잘 유지할지 여부를 가장 잘 가늠하는 예측 변수는 동일한 영역에서 부모가 거둔 성과이다.

우리는 90퍼센트와 그 자녀들을, 인생을 나빠지게 할 선택에 어쩔 수 없이 빠져들고 빚더미의 늪에 허덕이도록 방치하고 있다. 우리는 다른 어떤 선진국에서보다도 미국에서 육아를 하는 데에 더 많은 돈이 든다는 점, 그리고 엄마가 되기 위해서는 더 많은 위험을 감수해야 한다는 점, 가족계획에 반대하는 캠페인들이 하위 90퍼센트 가정에 대한 공격이나 다름없다는 점, 법질서에 기반한 정치가 그들을 더욱더 억압하는 데 이용된다는 점을 모르는 척하려 든다. 우리는 그들의 상대적 빈곤을 죄악시하며, 그들은 왜 자기 일을 제대로 해내지 못하는 거냐고 묻는다.

새로운 형태의 삶은 이전과 완전히 다른, 새로운 형태의 의식consciousness을 불러일으킨다. 정말이지 새로운 삶의 방식이 새로운 의식을 초래하는 것이다.['사회적 존재가 사회적 의식을 규정한다'는 마르크스의 언설을 빗댄 표현] 의심스럽다면 미국 최대 취업 사이트인 몬스터닷컴Monster.com의 '개인 또는 가정 대상 서비스' 광고를 읽어보라. 이 글을 쓰고 있는 시점에, 내가 사는 동네인 매사추세츠 브루클린의 해당 섹션을 보니 "바쁜 전문직 커플"이 "시간제 보모"를 찾는 광고가 하나 올라와 있다. 보모(또는 아이를 돌볼 남성-광고는 신중하게 젠더 이슈를 피해간다)의 자격 조건은 "밝고, 사랑스럽고, 활달"해야 하고, 또한 "친절하고, 똑똑하고, 전문적"이어야 하며, "말이나 글 어느 쪽으로든 의사소통이 원활"해야 한다는 것이다. 그녀(확률적으로 여성일 가능성이 높다)는 두 명의 아이를 "돌보고 성장을 도울" 것이며 목욕 시키기, 옷 갈아입히기, 밥이나 간식 먹이기, 학교와 과외 활동에 아이들을 데려다주고 데려오는 일 등 "아이가 필요로 하는 모든 일에 책임을 질" 것이다. 그러므로 "유아교육 학위"가 "가산점"을 받는다.

간단히 정리하자면, 보모는 멋지고 능숙한 대졸 부모에게 기대되는 모든 자질을 갖추어야 한다. 물론 실제로 부모가 되는 것만 제외하고 말이다. 보모에게는, 다섯 가지 좋은 것을 갖추고 있으면서도 늘상 바쁜 우리 같은 사람들과 자리를 맞바꿀 기회가 없다. 보모는 "능숙하게 가정을 꾸려나가기에 적절한 에티켓을 알고 있어야" 하며, "환경 변화에 적응할 준비가 되어 있어야" 한다. 그녀는 5년 이상 보모 경력을 갖추어야 한다. 이 때문에 보모가 법학 학위를 취득할 시간을 확보하여 고용주인 부모의 위치로 건너가기는 어렵다. 보모의 기술, 교육, 경험과 전문성, 이 모든 것을 갖추고도 그녀가 차지할 수 있는 자리는 "시간제" 일자리뿐이다.

21세기 비즈니스 용어로 흠잡을 데 없이 쓰인 구인광고지만, 그 광고에서 정작 찾고 있는 건 가정교사다. 이는 빅토리아 시대 소설에 등장하는 교묘하게 모순된 인물로, 상류층 사람들로부터 겉으로는 존경받는다는 면에서는 상류층과 구분되지 않으면서도 절대 상류층의 일원은 아니다. 보모가 출세하려면 아마도 제인 에어의 선례를 따라 대저택의 주인(또는 안주인)과 도망가는 것이 최선일 것이다.

보모와, 다섯 가지 좋은 것을 갖춘 고용주에 관한 가상의 소설 속 등장인물 너머로 흐릿하지만 어딘가 익숙한 윤곽이 떠오를 것이다. 개츠비 곡선은 사회적, 심리적, 문화적 자본의 영역에서 재생산되어왔다. 좀 더 정확히 말하자면, 곡선은 하나지만 여러 가지 형태의 부의 영역에서 작동한다.

토마 피케티가 "역사적으로 볼 때 자본이익률이 경제 성장률을 초과한다"는 통찰력 있는 주장을 펼쳤지만, 숨겨진 경제 법칙을 통해서만 불평등이 증가하는 것은 아니다. 불평등은 본질적으로 부당한 형태의 —금융이 아닌— 부와 권력을 통해 필연적으로 확고해진다. 우리는 다른 형태의 자본을 활용해서 우리가 누리는 혜택을 일상생활 자체가 되게 한다. 영국 상류층이 키가 더 컸기 때문에 내려다봤던 것처럼, 우리는 더 큰 능력virtue을 갖춘 덕분에 내려다본다. 우월함과 열등함의 차이가 마치 자연의 산물이라도 된다는 듯이 말이다. 그것이 바로 귀족 계층이 하는 일이다.

part 4

교육 프리미엄이라는 세습

16세인 내 딸은 소파에 앉아, 처음 만난 사람과 장래 희망에 관해 이야기를 나누고 있다. 우리는 상당히 불안한 마음으로 여기에 왔다. 딸의 말대로라면 "친구들도 다들 그렇게 하고 있기" 때문이다. 잠시 나는 우리가 의도치 않게 일종의 상담치료에 등록한 건 아닌지 궁금해한다. 스마트캐주얼 정장을 차려입은 전문직 여성이 나를 힐끗 보더니 말한다. "지금 같은 시기에는 누구나 불안해하죠." 그녀는 정말로 자기 자신을 일종의 상담치료사로 여긴다. 하지만 내가 내 걱정을 줄이자고 대학 진학 카운슬링 서비스의 이 "기본 패키지"에 1만2천 달러(약 1,400만 원)라는 거금을 쓸데없이 쏟아붓고 있는 것은 아닌지가 지금 내 걱정거리라는 점은 눈치채지 못한 것 같다. 나는 시험 삼아 참가해 본 이번 상담에서 뭔가를 얻어내자고 마음먹고, 여름 방학 활동을 추천해달라고 한다. 우리는 고등학생을 대상으로 한 10일간의 프랑스 "문화 탐방"에 대한 정보를 얻어서 그곳을 빠져나온다. 미국 대학 입시 관련 업계에서는 그런 활동이 "경험 강화"enrichment experience로 알려져 있다. 집에 돌아와서 나는 프로그램 정보를 들여다본다. 10일간의 "경험 강화"에 드는 돈은 1만1천 달러(약 1,300만 원)다.

거기에서 나는 전설적인 대입 전문 과외 강사SAT whisperer에 대해 들었다. 당신이 테크 기업의 집결지인 캘리포니아 해변 실리콘밸리를 지날 일이 있다면, 테크 유니콘 기업[기업 가치가 10억 달러 이상인 스타트업 기업을 전설 속 유니콘에 빗대 유니콘 기업이라고 한다]의 유망 주식을 재원으로 유명 건축가들이 지은 동네 어딘가에서 그와 마주칠지도 모른다. 그의 고등학교 동창은 거의 40년이 지났는데도, 고등학교 시절 신동이었던 그 강사를 여전히 기억한다. 당시에 그는 자신 못지않게 영특했던 그의 형제들과 함께 지역 TV프로그램에 출연해서 비상한 언어적 재능과 음악적 재능을 뽐냈다. 그리고 이제 미국 전역 16세 학생의 학부모들이 그의 고객이 되어, 비행기를 타고 와 자녀의 시험 준비를

도와달라는 요청을 보내고 있다. 주말 기준으로 2시간 동안 그를 고용하려면 750달러(약 90만 원)와 교통비가 든다(주중에는 할인 가격이 적용된다). 고객들 중 몇몇은 1년 내내 매주 그의 시간을 예약한다.

이쯤에서 나는 문득 현금만 쥐고 있으면 어디든 원하는 명문 대학의 입학 허가를 살 수 있었던 예전에는 인생이 더 쉬웠을까 생각해본다. 그리고 할아버지가 예일대를 1년밖에 다니지 못했다는 사실을 떠올린다. 그 시절 아이비리그 대학들은 공부할 자세가 되어 있지 않은 학생들을 쫓아냈다. 이제는 뉴스에 나올 만큼 큰 사고를 치지 않는다면 웬만해선 대학에서 쫓겨나지 않는다.

별수 없이, 나는 딸에게 들려줄 이야기를 미리 연습해보기 시작한다. 명문대를 나오지 않더라도 의미 있는 인생이 가능하다고, 말하려고 한다. 우리는 있는 그대로의 너를 사랑한단다. 우리는 자신이 뛰어난 부모임을 입증하려 스티커[출신 대학 로고 등이 새겨진 스티커를 가리킨다]를 차 뒷유리에 붙이는 것처럼 어설프게 노력하는 사람들과는 다르다. 하지만 어쨌든 투자 상담가나 기업 변호사가 되는 건 어떻겠니? 하지만 나는 말 꺼내기를 주저한다. 이런 이야기를 시작하면 딸의 '부모 헛소리 탐지기'가 작동할 것임을 너무나 잘 알고 있기 때문이다.

○

미국 엘리트 학생들의 피부색이나 성별은 예전보다 훨씬 다양해졌다. 하지만 지난 30년 동안 학생의 계층적 집중화는 더욱 공고해졌다. 1985년에는, 상위 250개 대학교 학생들의 54%가 소득 분포 하위 75%에 속하는 가정 출신이었다. 2010년 유사한 조사에서 하위 75% 가정의 학생 비율은 33%에 그쳤다. 2017년 연구에 따르면, 상위 38개 대학교—그중 5개는 아이비리그였다—에는 하위 60% 출신보다 상위 1% 출신의 학생수가 더 많았다. 전직 예일대 영문과 교수 윌리엄 데레저위츠William Deresiewiez는 2014년에 출간한 책 『공부의 배신』*Excellent Sheep*에서 이 상황을 명쾌하게 정리한다. "새롭게 부상한, 성차별 없고 다인종인 능력자 계층이 계층 세습 방법을 찾아냈다."

부자들은 또한 자기들을 위해서 만들어진 다양한 차별 철폐 프로그램들을 이용할 줄 안다. 다니엘 골든Daniel Golden이 『왜 학벌은 세습되는가』*The Price of Admission*에서 지적한 것처럼, 동문 자녀 우대 정책legacy admission은 해당 대학교에 다닌 부모를 둔 자녀들에게 가산점을 준다. 체육

특기생 전형 또한 따져보면 일반적 통념과는 반대로 부유층에게 유리하다. 부유한 가정의 자녀들은 사립학교와 엘리트 공립학교가 두각을 나타내는 라크로스, 스쿼시, 펜싱 등 돈이 많이 드는 스포츠를 한다. 게다가 0.1퍼센트에 속하는 사람들 사이에서는, 옛날식 기부금 입학이 재유행하고 있다(도널드 트럼프 미국 대통령의 사위인 재러드 쿠슈너 백악관 선임고문이 1998년에 250만 달러[약 30억 원]를 하버드대에 기부한 후, 이듬해 이 학교에 입학한 사례만 봐도 알 수 있다).

부유층에게 유리하게 활용되는 차별 철폐 프로그램들은 주로 사립학교를 통해 작동한다. 미국 학생 중 2.2%만이 종교와 무관한 사립 고등학교를 졸업한다. 하지만 이 사립 고등학교 졸업생들이 하버드대 학생의 26%, 프린스턴대 학생의 28%이다. 학생들의 다양성을 강화하기 위한 여러 차별 철폐 프로그램들은 분명 좋은 의도에서 시작되었겠지만 이들 프로그램은 부유층의 특권을 공고히 하는 시스템을 확장했을 뿐이다. 이런 프로그램은 어떤 면에서는, 부유한 학생들이 모교가 공평하게 개방되어 있어서 누구든 능력만 갖춘다면 입학할 수 있다고 믿게끔 하는 역할을 했다.

그럼에도 불구하고 최상위 대학교의 진학률이 곤두박질치면서 9.9퍼센트의 자녀들 다수가 그런 대학에 입학할 가능성이 낮아졌다. 하지만 걱정할 필요가 없다. 이들만을 위한 엘리트 대학의 범주가 새롭게 만들어졌기 때문이다. 야심만만한 대학 행정부와 대학 평가 사업으로 확장일로에 있는 시사 잡지 『US뉴스앤월드리포트』의 순위 매기는 컴퓨터 시스템 덕분이다. 이 범주에 속하는 50개 대학의 선발 과정은 1980년대에 내가 진학했던 프린스턴대의 그것만큼이나 까다롭다. 이 대학들은 불합격자 수가 늘어나면 학교의 급이 올라갈 거라고 생각하는 듯하다. 하지만 이런 현상은 사실상 이 대학들이 집단적으로 교육받은 대중을 양성할 의무를 이행하는 대신 일부 계층의 특권을 복제해주는 데에 막대한 세금 보조 기금을 쓰기로 했다는 뜻이다.

이런 대학들의 불합격 비율만큼이나 빠르게 상승 중인 유일한 한 가지는 등록금이다. 미국의 평균 연봉 대비 비율로 보면, 상위 대학의 등록금은 1963년에서 2013년 사이에 세 배 이상으로 올랐다. 여기에 카운슬러와 전문 과외 강사, 바이올린 교습, 사립학교, 자녀가 미크로네시아의 마을을 구하도록 주선하는 경험 강화 비용 등을 더하면 대학 입학 비용은 더욱 커진다. 물론, 학자금 지원 제도 덕분에 많은 가정들이 부족한 비용을 충당했고, 대학에 다니는 데 들어가는 평균 비용이 공시된 금액만큼 급속히 늘어나는 것이 방지되기는 했다. 하지만 여전히 의문이 남는다. 왜 부자들은 돈을 이렇게 써가면서까지 대학에 들어가려 안달인 걸까?

간단히 답하자면, 물론, 그럴 만한 가치가 있기 때문이다.

미국에서 대학 졸업자는 사회생활 초년기에 같은 나이대의 고졸 이하 학력 소유자보다 70% 이상 더 많은 돈을 번다(이 수치를 '대졸자 프리미엄'이라고 한다). 교육투자 회수율은 1950년대에 비해 50% 높아졌으며, 이는 선진국들 중 가장 높은 수준이다. 노르웨이와 덴마크에서는, 대졸자 프리미엄이 20%를 넘지 않는다. 일본에서는 30% 미만이고, 프랑스와 독일에서는 40%쯤 된다.

같은 대졸자라도 "좋은" 대학과 나머지 대학 출신 간에는 엄청난 차이가 있다. 교육부 자료에 따르면, 대학 입학 후 10년이 지난 나이대의 인구를 기준으로 소득 상위 10퍼센트의 평균 연봉은 6만8천 달러(약 8천만 원)이다. 하지만 같은 상위 10퍼센트라도, 졸업자의 연봉 순위가

10위 안에 드는 대학 출신의 연봉은 22만 달러(약 2억6천만 원)로 평균보다 약 3배 높은 수준이다. 졸업자 연봉 순위 1위인 하버드대 출신의 연봉은 무려 25만 달러(약 3억 원)다. 연봉 순위 11~40위 대학 졸업자의 평균 연봉은 15만7천 달러(약 1억9천만 원)이다(당연하게도 이들 대학의 지원자 대비 합격률은 연봉 순위와 상관관계가 있다. 최상위 10개 대학은 9%, 11위부터 40위까지 30개 대학은 19%다).

이름값에 집착하는 현재 시스템에서 "좋은" 학교로 분류되지 않는 다른 여러 학교에서도 좋은 교육을 받을 수 있는 가능성은 당연히 있다. 하지만 "나쁜" 학교들은 학생들에게 정말 나쁘다. 불행히도 적절하지 않은 부모에게서 태어난 사람들에게, 우리 사회가 허용하는 교육 시스템은 일종의 '가상'a kind of virtual education system이다.[virtual education system은 '온라인 화상 교육 시스템'이지만, 여기에서는 virtual이 지닌 '가상의'라는 뜻을 살려 비꼬듯 썼다] 대학 비슷하게 보이는 곳이 있지만, 실제로는 아니다. 들어가는 돈과 늘어나는 빚만이, 안타깝게도 진짜다. 가상 강의실이라는 '홀로그램'에 들어온 사람들은 추후에도 대졸자 프리미엄을 누리지 못하며, 결국에는 빚을 갚기 위한 강제 노역자indentured servitude 신세가 된다.

그렇다면 우리 모두가 간절히 바라는, 양질의 교육에 따르는 이런 프리미엄의 진짜 원천은 무엇인가?

우리가 스스로를 세뇌하는 논리 중 하나는 이런 프리미엄이 우리가 배운 지식과 기술에 대한 보상이라는 것이다. 또 다른 하나는, 대개는 술에 취해 뻔뻔해졌을 때나 내뱉을 만한 이야기지만, 대학에 입학하기 전부터 이미 우리가 갖고 있던 우수한 두뇌에 대한 보상이라는 것이다. 몇몇 사회학자들이 정교하게 표현한 대로라면 우리는 '인지적 엘리트'cognitive elite이다.

이런 이야기들의 기저에는 뿌리 깊은 능력주의 신화가 깔려 있다. 어느 쪽이든 우리는 교육 프리미엄의 증가가 현대사회에서 능력 있는 인력의 가치가 높아지는 데에 따른 당연한 결과라고 스스로를 납득시킨다. 능력자들이 성공을 거두는 것은 당연하거니와, 우리가 받는 보상은 우리의 능력에 정비례한다는 것이다.

하지만 사실 학위 소지자들이 학위가 없는 사람들보다 훨씬 더 많은 돈을 버는 건, 그들이 일을 잘하기 때문이 아니라 아예 다른 종류의 일을 하기 때문이다. 이를테면, 아이비리그 대학 출신의 절반 이상이 고등 교육을 받은 사람들에게만 열려 있는 네 가지 경력 가도career tracks에 곧 바로 진입한다. 바로 금융, 경영 컨설팅, 의료, 법률 분야이다. 단순화하자면, 두 유형의 직업군이 있다. 스스로 자기 연봉 결정에 집단적 영향력을 행사하는 직업군. 그리고 자신이 처한 현실을 받아들여야만 하는 직업군. 전자의 직업군에 들어가는 편이 더 좋고, 당연히 여기에 대졸자들이 몰려 있다.

○

왜 미국 의사들은 다른 선진국 의사들 소득의 두 배를 버는가? 국제 보건연구기관인 커먼웰스펀드에서 집계하는 고소득 국가들의 의료 시스템 순위에서 미국이 최근 5회 연속 꼴찌를 차지한 사실을 보면, 생명을 구하는 능력 면에서 미국 의사들이 다른 국가 의사들보다 두 배 더 뛰어나다고 주장하기는 어렵다. 워싱턴 D.C. 소재 경제정책연구소Center for Economic and Policy Research의 수석 경제학자 딘 베이커Dean Baker의 주장은 훨씬 더 설득력 있다. “나 같은 경제학자들—정치적으로 우파든 좌파든 상관없이—의 눈에는 미국 의료계가 하나의 거대한 카르텔처럼 보인다.” 의과대학 정원, 레지던트 근무 기간 인정, 해외 수련의의

의사 면허, 임상 간호사의 역할 등을 정하는 데 영향력을 행사함으로써, 의사 협회는 구성원들이 당면한 경쟁을 효과적으로 제한한다. 협회의 존재 이유가 거기에 있다.

변호사들(혹은 적어도 변호사들 중 특정 엘리트 그룹 일부)도 똑같은 일을 벌인다. 의사들로부터 배운 게 분명하다. 소위 '로스쿨 붐'이 사그라든 뒤에도, 미국 변호사들은 전 세계적으로 최고의 연봉을 자랑하며, 가발 쓴 영국 변호사들보다 평균 두 배 이상의 돈을 벌어들인다. 시카고대 법학과 교수 토드 헨더슨Todd Handerson은 2016년 『포브스』에 기고한 글에서 이를 직설적으로 비판했다. "미국 변호사협회는 주의 승인을 받은 카르텔을 운영한다."

다른 여러 부문에서도 유사한 자격증 제도가 능력자 계층을 보호한다. 정책 연구자 브링크 린지Brink Lindsey와 스티븐 텔레스Steven Teles는 『사로잡힌 경제』*The Captured Economy*에서 자격증의 작동 메커니즘을 낱낱이 파헤쳤다. 예를 들어, 치과에는 치위생사가 의사의 관리·감독 없이 할 수 있는 업무 범위를 제한하는 '유리천장'이 있어서, 의사가 9.9퍼센트로서의 지위를 유지할 수 있게 한다. 저작권과 특허법은 제약, 소프트웨어, 엔터테인먼트 산업 부문에서 고학력자들의 이윤과 연봉을 뒷받침한다. 하지만 이런 정도는 국가 경제에서 가장 많은 돈이 몰리는 두 부문인 테크 및 금융업계가 누리는 것에 비하면 사소한 수준이다.

아주 똑똑한 카우보이형 기업가들이 따분하기 짝이 없는 현재의 상황을 혁신한다는 동화 같은 이야기는 이제 끝났다. 현실은 이렇다. 다섯 개의 괴물 같은 기업들—다들 이름은 알고 있을 것이다—의 시가 총액이 약 3조5천억 달러(약 4천2백조 원)로, 나스닥 시장 시가 총액의 40% 이상을 차지한다. 테크 부문의 나머지 대다수 기업들은 이 야수들에게 먹잇감으로 바쳐지기만을 끈기 있게 기다리고 있는 온라인상의 존재들[virtual entities, virual이 지닌 '온라인'과 '가상'이라는 뜻을 모두 살려서 '온라인 사업체'이면서 '가상의 존재'로 읽히도록 썼다]이나 다름없다.

현실을 직시해보자. 이들은 웃는 얼굴 이모티콘을 장착한 독점 자본이다. 우리 사회는 얼마 전까지만 해도 석유 같은 점액성 물질 시장을 독점하려 드는 기업을 어떻게 다루어야 할지 알았다. 그러나 정보산업 업계에서 네트워크와 스케일 효과를 동원하는 독점을 어떻게 다루어야 할지는 아직 모르고 있다. 우리가 그것을 알기 전까지는, 업계에서 발생하는 초과 이윤은 정보의 꿀단지[honey pot에는 '많은 사람들을 끌어들이는 매력적인 장소'이자 '해커들을 유인해 정보를 얻기 위해 만드는 가상 컴퓨터 시스템'이라는 뜻이 있다]에 가장 가까이 있는 이들에게, 단지 가까이 있다는 이유만으로, 쏠릴 것이다. 이런 면에서 이런 사람들은 참으로 대단한 능력을 가졌다.

한편 금융서비스 산업은 오늘날 능력자 계층을 전폭적으로 지지하는 든든한 후원자이다. 현대 미국 GDP 중 12분의 1은 금융 부문에서 발생하는데, 1950년대에는 그 비율이 40분의 1이었다. 이 업계가 작동하는 게임의 방식은 단순히 돈을 욕심껏 움켜쥐는 것보다는 복잡하고 정교하지만, 게임의 본질은 2008년 금융위기를 겪으면서 적나라하게 드러났다. 이런 것이다. 대중이 위험을 떠안고, 금융계의 '투자 구루'들은 카지노에 자리를 깔고 앉아 슬롯머신의 레버를 당긴다. 돈을 따면 구루들이 이익을 가져가고, 돈을 잃으면 대중이 손해를 본다. 현재 우리의 금융 시스템은 자연스럽게 생겨난 것이 아니다. 수십 년 동안 유력 금융가들이 그들 자신과 후손대의 이익을 위해 설계한 것이다.

이 게임에서는 누가 배제되는가? 예를 들자면, 자동차 공장 노동자, 돌봄 노동자, 유통업 판매 노동자, 가구 제조업자, 식품업 노동자 등이다. 미국 제조업과 서비스업 노동자의 임금은 국제 순위에서 중간 정도 수준이다. 미국 예외주의[미국이 세계를 이끄는 최고의 국가이기 때문에 모든 면에서 다른 국가보다 앞서나간다는 뜻]는, 대학 졸업장이 요구되지 않는 직종의 노동에 대한 보상률에는 적용되지 않는다.

다들 알다시피, 교육 수준이 높고 뛰어난 자질을 갖춘 사람들이 자기들의 집단 이익을 위해 함께 행동하면, 이는 공공의 이익에 복무하는 일로 인식된다. 이들이 제공하는 양질의 서비스를 보장하고, 공정한 노동 조건을 설정하고, 그 조건을 준수하는 데에 따른 보상을 제시하는 일 말이다. 그런 이유로 우리는 '협회'를 결성하고 양복을 빼입은 동료 전문가들의 도움을 받는다. 반면에 노동자 계급 사람들이—노동조합을 통해— 똑같은 일을 하면, 자유 시장의 신성한 원칙을 위반하는, 폭력적이고 반근대적인 일로 받아들여진다. 만약 노동자들이 컨설턴트를 고용하고, 다른 회사 소속의 동료 노동자들로 구성된 '보상 위원회'를 가동해서 자신들의 급여를 얼마나 책정해야 하는지 권고하게 한다고 상상해보라. 그 결과는 어떻게 될까? 사실, 어떻게 될지 우리는 잘 알고 있다. CEO들이 그렇게 해왔기 때문이다.

사회적으로 노동조합이 와해된 것과 때를 같이해

서 교육 프리미엄이 급증한 것은 우연의 일치가 아니다. 1954년에는 전체 미국 노동자 중 28%가 노조에 가입했지만, 2017년에 노조 가입률은 11%까지 떨어졌다.

○

교육은 학위 때문이 아니라 그냥 그 자체로, 언제나 좋은 것이다. 진정한 교육은 사람들에게 열린 마음을 갖게 하고 훌륭한 시민들을 양성한다. 교육의 목적은 사회를 이롭게 하는 것이어야 한다. 하지만 우리의 불평등한 시스템 속에서 교육의 의의는 사익 추구로 축소되었고, 고작 대학 졸업자의 높은 연봉을 정당화할 뿐이다. 교육은 우리를 단합시키고 삶을 풍요롭게 하는 대신 분열시키고 빈곤에 빠뜨린다. 다시 말해, 교육 기회에 대해 우리가 품고 있는 드높은 이상만으로는 개츠비 곡선의 거센 파도를 당해낼 수 없다. '대학 프리미엄'의 증가 추세를 정확하게 드러내는 지표가 바로 IGE인데, 이를 여러 국가에서 측정해보면 동일한 상관관계가 나타난다.'대학 프리미엄'이 높은 사회일수록 계층 이동성은 낮다.

○

내 딸의 대입 지원에 대해 다각도로 살펴보면서—카운슬러나 전문 과외 강사를 고용하는 일은 없을 것이다— 나는 능력에 대한 오해가 왜 그리 견고하고도 흔들리지 않는지 실감한다. 만약 내가, 그러니까 내 딸이 좋은 대학에 들어간다면, 그 결과 자체가 우리에게 '능력이 있음'을 입증한다! 이 시스템이 일종의 게임에 의해 작동된다고 보면, 게임에 이기기 위해 필요한 역량이 곧 능력인 것이다.

한발 더 나아가, 대학 입시를 거친 바다를 항해 중인 배 위에서의 셔플보드게임 같은 것으로 대체해보라. 당연히 그 게임에도 우리 9.9퍼센트가 먼저 능숙해지지 않겠는가? 그러면 우리에게는 셔플보드를 잘하는 역량이 있으므로 부자가 될 절대적인 자격도 있다고, 금세 확신하게 되지 않을까? 그런 상황에서 우리는 얼마나 재빨리 셔플보드의 귀재를 길러내는 완벽한 기술을 구사하게 될까? 그러는 동안 우리가 탄 배가 어디를 향해 가고 있는지 누가 신경이나 쓸까?

그때 우리 중 누군가가 문득 고개를 들어 앞을 본다고 생각해보자. 눈앞에 빙산이 다가온다. 그걸 보면, 최고의 자녀 양육을 향한 우리의 분투는 줄어들까? 암울하지만 진실은 이렇다. 좋은 부모 되기와 좋은 시민 되기가 상충하는 한, 우리의 행동은 그저 이 항해에 나설 때 바이올린을 몇 대 더 챙기는 정도에 그칠 뿐이다.

part 5

정부의 보이지 않는 손

우리 할아버지 생각에, 생산 계층productive class이 맹비난받기 시작한 것은 뉴딜 정책 도입보다 한참 앞서, 1913년에 수정헌법 16조가 비준되면서부터였다. 수정헌법 16조는 개인의 소득에 직접 세금을 부과할 권한을 연방 정부에 부여했다. 할아버지가 태어난 몇 달 후에 비준이 이루어졌는데, 나는 이상하게도 이 일에 수긍이 갔다. 할아버지가 한평생 벌어들인 수입 중 단연코 가장 큰 부분은 상속받은 것이기 때문이다.

할아버지는 한때 주식중개인이었다. 나는 할아버지가 대개는 자기 자산을 사고팔았으며, 그럴 목적으로 주식거래소에 자리를 마련했을 거라 짐작한다. 취미로 정치도

하셨다. 언젠가, 할아버지는 공화당의 코네티컷주 부지사 후보로 출마하겠다고 발표하기도 했다(클럽하우스 사람들 외에도 그 이야기를 들은 사람이 있었는지는 확실치 않다). 할아버지가 진짜 하고 싶었던 일은 비행이었다. 할아버지에게 가장 중요하게 남은 기억은 제2차 세계대전 동안 화물기 비행사로 복무했던 시절이었다. 그리고 할머니와 함께 곡예비행기를 타고 미국 중서부의 하늘을 날았던 순간도 할아버지에게 소중했다. 조부모님은 정부의 제약을 받지 않는 자유로운 삶의 무한한 가능성에 대한 신념을 잃지 않았다. 하지만 말년에 두 분은, 증조할아버지로부터 물려받은 돈이 거의 다 떨어지자, 사회보장연금과 건강보험 혜택을 부지런히 챙기게 되었다.

할아버지가 거의 외우다시피 했던 『미국의 정치 사상』*American political thought*이라는 책의 한 페이지에는 정부와 자유 둘 중 하나를 선택해야만 한다고 적혀 있었다. 하지만 다시 잘 읽어보면, 이는 눈에 보이는 정부와 눈에 보이지 않는 정부, 둘 중 하나를 선택해야 한다는 뜻임을 깨닫게 된다. 귀족들은 언제나 눈에 보이지 않는 종류의 정부를 선호한다. 그런 정부는 귀족들이 특권을 자유롭게 누리도록 보장하기 때문이다. 우리 9.9퍼센트의 경우는, 정부가 다른 계층의 사람들을 위해 일한다고 소리 높여 비판하고는 있지만, 그런 와중에도 정부가 하는 일이 실은 우리에게 도움이 되게 하는 방법을 터득했다.

○

예를 들어, 우리의 세금 부담을 몹시 과장하는 보고서들이 있다. 지난 연휴 기간 마련된 전문가 토론에서, 최근에 나온 상위층 대상 조세 감면 정책[2017년 12월 미국 의회를 통과해 2018년부터 시행된 트럼프 정부의 세제 개혁안을 가리킨다. 이 감세와 일자리 법안Tax Cuts and Jobs Acts of 2017의 주요 내용은 최대 35%까지 단계별로 적용되던 법인세 세율을 21%로 통일하고, 개인소득세는 7개의 소득 구간별로 3~9% 포인트 낮추는 동시에 최고 세율을 기존 39.6%에서 37%로 하향 조정한 것이다. 고소득자의 세금 부담이 크게 줄어 부자 감세, 셀프 감세라는 비판을 받았다]을 옹호하는 사람들은, 통상 일 년 내내 연방 정부에 소득세를 내지 않는 47%의 미국인은 "이 조세 감면과는 아무 상관이 없다"는 미트 롬니 공화당 의원의 주장을 여러 형태로 반복했다.[2012년 미국 대선에서 공화당 후보였던 롬니가 그해 5월 부유층 후원자들과 모인 자리에서 했던 "미국인 47%는 정부에 의존하면서 자신들을 피해자라고 생각한다. 이들은 소득세도 내지 않기 때문에 세금을 낮추겠다는 내 공약과 상관이 없다"

는 발언을 가리킨다. 『워싱턴포스트』 등에 따르면 2011년에 연방 소득세를 내지 않은 사람이 46.4%였던 것은 맞지만, 이들 중 상당수는 사회보장 명목의 급여세와 주 소득세를 내고 있다. 소득세와 급여세를 모두 내지 않는 사람은 18.1%에 불과하고, 그중 절반 이상이 은퇴한 고령자다] 말도 안된다. 물론 지난해에 1조6천억 달러(약 1천9백조 원) 늘어난 연방 정부의 개인소득세는 여전히 누진적으로 과세되고 있다. 하지만 이중 1조2천억 달러(약 1천4백조 원)의 근로소득세가—롬니 같은 투자자가 아닌— 노동자에게 부과된 것인데, 이들이야말로 새로 시행된 조세 감면에 의해 타격을 받는 사람들이다. 이들은 상위층보다 소득이 더 낮으면서도 결과적으로는 더 높은 세율을 적용받게 된다. 이는 세금의 대상이 되는 소득의 범위에 상한선이 있기 때문이다. 주 정부와 지방자치단체의 세수를 분석해보면, 하위층의 세금 부담이 이미 높다는 사실을 알 수 있다. 지난해 걷은 세금은 2조3천억 달러(약 2천7백조 원)였으며, 이 중 상당 부분은 역진적인 판매세와 재산세에서 나왔다. 이로부터 계산해보면 미국인 중 소득 기준 하위 20%의 지방세 세율은 이미 상위 1%의 2배, 상위 10%의 1.5배에 달한다.

모든 종류의 세금에 대한 우리 9.9퍼센트의 기만적

인 이의 제기는, 우리가 숙달한 세금 환급 기술에 비하면 순수하게 느껴질 정도다. 우리 할아버지를 그토록 불쾌하게 했던 소득세 시스템은, 의도치 않게 몹시 은밀한 정부 지출 부문을 만들어내는 결과를 가져왔다. 거기에는 '조세 감면'이란 이름이 붙어 있지만, 정부의 세금 징수 불편을 원천적으로 덜어주는 지원금으로 보는 게 더 맞을 것이다. 이론적으로, 조세 지출[정부가 받아야 할 세금을 받지 않는 방식으로 간접 지원하는 조세 감면을 뜻한다. 정부가 조세를 통해 확보한 재원을 바탕으로 직접 지원해주는 예산 지출과는 대칭되는 개념으로, 조세 지출은 동일한 액수만큼의 보조금을 준 것과 같다는 의미에서 '숨은 보조금'이라고 부르기도 한다]은 사회적으로 가치 있는 목적을 위해서라면 얼마든지 사용될 수 있다. 하지만 실제로는 그중 근로소득세액공제 같은 아주 일부만이, 소득 수준이 낮은 사람들에게 돌아간다. 게다가 개인의 조세 감면 액수는 애초에 그가 보유한 자산 규모에 비례하기 때문에, 세 부담 상한선 marginal tax rates 도입의 혜택은 결과적으로 상위층에게 돌아가는 셈이다.

우리가 누리고 있는 축복을 살펴보자. 해마다 연방 정부는 연금 저축 세액공제(2013년 기준 1,370억 달러[약 160조 원])와 고용주가 지원하는 건강보험료(2,500억 달러[약 300조 원])와 주택장기대출 이자 상환(700억 달러[약 83조 원])에 조세 지출을 조금씩 나눠준다. 가장 기분 좋은 것은 주택 보유, 주식 자산, 사모펀드 투자에 대한 세액공제(시세 변동 추이를 감안하면 연간 1,610억 달러[약 200조 원]에 달한다)다. 연방 정부의 2013년 총 조세 지출은 9,000억 달러(약 1천조 원)를 넘어섰다. 건강보험료보다도, 저소득층 의료비 보조 비용보다도, 기타 모든 연방 정부의 사회안전망 프로그램 비용을 합한 것보다도 더 큰 금액이다. 더구나—이런 게 바로 이 시스템의 묘미다— 이들 지원금의 51%가 소득 상위 20%의 차지가 되며, 지원금의 39%는 상위 10%의 몫이다.

이 같은 세제 혜택이 갖는 '역진세적' 효과와 관련하여, 9.9퍼센트에게 가장 좋은 일은, 하위 90퍼센트가 이런 사실을 전혀 눈치채지 못한다는 점이다. 노동자 계층은 식품점에서 누군가가 푸드스탬프food stamp[저소득층을 지원하기 위한 식료품 할인 구매권]를 가지고 티본스테이크를 사면 화를 내지만, 건너편 동네의 친절한 가족이 자기들 집을 사고팔면서 시세 차익으로 손쉽게 수만 달러를 벌어들일 거라고는 짐작하지 못한다.

잠깐, 그게 다가 아니다. 아이들을 잊지 말자. 한 국가의 정신을 조세 정책에서 엿볼 수 있다면, 미국은 부유한 가정의 자녀들을 너무나 소중히 대하는 것이 분명하다. 2017년에 세법은 결혼한 부부의 자녀에 대한 상속세 공제 한도를 기존의 1,100만 달러(약 130억 원)라는 관대한 수준에서 2,200만 달러(약 260억 원)라는 막대한 수준으로 상향 조정했다. 정정하겠다. 이쯤 되면 단순한 세금 공제가 아니라, 세금 보조금이다. 40년 전에 구매한 주택의 가격 상승분이나 오래 보유한 주식에 대한 미납 세액, 이 모든 것은 자녀에게 그 수익을 물려주는 순간 사라져버린다. 미국 재무부가 포기한 이 같은 종류의 세금은 2013년 한 해에만 430억 달러(약 51조 원)이며, 이는 어린이 건강보험에 들어가는 비용의 약 3배에 달한다.

증조할아버지 스튜어트 대령은 1947년에 돌아가셨다. 당시 부동산세 최고 세율은, 지금은 상상조차 할 수 없는, 77%였다. 세금을 제한 나머지 유산이 네 형제에게 분배되었을 때, 할아버지 손에 들어온 돈은 벤틀리 한 대를 사고 필수적인 클럽의 회비를 낼 정도에 불과했다. 하지만 미국 정부는 내가 중산층에서 자라나도록 해주었다. 그 점에 대해 나는 두고두고 고마워할 것이다.

황금빛 우편번호

브루클린의 우리 집에서 미용실까지는 도보로 10분 정도 걸린다. 산책하기 좋은 그 길에는 거대한 느릅나무들과 상품소개 책자에 나올 법한 집들이 빅토리아 시대의 영광을 재현이라도 하듯 환한 모습으로 들어서 있다. 대형 옷장들, 나무 패널로 장식된 거실들, 명품 냉장고들로 채워진 그 집들 사이에서 한두 명의 정원사들 말고는 사람이라고는 좀처럼 보기 어려울 것이다. 이웃이라도 마주친다면, 아마 이런 대화가 오갈 것이다. “우리 집 주방 리모델링이 예산을 많이 초과했지 뭐예요. 타일공이 오게 하느라 정말 애먹었어요!”, “그러게요! 우리 집은 한 달 동안이나 타이 요리를 포장해다가 먹었죠. 도시가스 회사 직원 차가 고장

나서 못 왔거든요." 천천히 걸어서 프랜차이즈 브랜드 헤어숍에 들어가면, 친절한 헤어 디자이너는 조금 힘들어 보인다. 그는 정체된 고속도로로 한 시간씩 걸려 출근하기 때문이다. 도시가스 회사 직원도 마찬가지다. 타일공은 아예 다른 주에서 온다. 그들 중 어느 누구도 이 동네에서 살 수 없다. 집값이 어마어마하게 비싸기 때문이다.

1980년부터 2016년까지, 보스턴의 집값은 7.6배나 뛰었다. 물가 상승을 감안하더라도, 보스턴에 집을 소유한 사람들은 157%의 실질 수익을 거두었다. 같은 기간에 집 소유자들은 샌프란시스코에서는 162%, 뉴욕에서는 115%, LA에서는 114%의 수익을 냈다. 혹시 우리 집 근처에 사는 사람이라면, 자기가 부동산의 귀재라고 생각하는 사람들이 주변에 널려 있을 것이다(그럴 수 있는 건, 주택을 리모델링하면서 여러 번 실수를 저질러도 괜찮을 만큼 여유가 있기 때문이기도 했다). 세인트루이스(3% 상승)나 디트로이트(16% 하락)에 사는 사람이라면, 그런 수익을 낼 수는 없었을 것이다. 1980년에 세인트루이스의 집 한 채 값은 맨해튼의 괜찮은 원룸 아파트와 맞먹었다. 같은 집을 판 돈으로 이제는 뉴욕에서 2평 남짓한 욕실 하나를 살 수 있을 뿐이다.

(적당한 종류의) 부동산에서 발생하는 수익은 비정상적으로 높아서, 몇몇 경제학자들에 따르면, 부동산만으로도 지난 50년 동안의 부의 편중을 설명할 수 있을 정도다. 집값은 당연히 주요 도시에서 오른다. 주요 도시들은 우리 신경제의 금광이다. 하지만 거기에도 역설이 존재한다. 집값이 너무 비싸다 보니, 사람들—특히 중산층—은 금광을 캐는 대신 마을을 떠나고 있다. 2000년에서 2009년까지, 샌프란시스코만 지역에는 미국 최고 수준의 연봉을 받는 사람들이 여럿 있었다. 하지만 그때 이후로 35만 명의 주민들이 연봉 수준이 낮은 지역으로 이주했다. 기자이자 경제학자인 라이언 아벤트Ryan Avent가 『닫힌 도시를 열어라』*The Gated City*에서 쓴 것처럼, 미국 전역에서 "최상의 기회는 특정 지역에 한정되어 있다. 그렇지만 어떤 이유에서인지 대부분의 미국인들은 그런 지역을 마다하고 다른 지역에서 살려고 한다. 경제학자 엔리코 모레티Enrico Moretti와 창타이 셰이Chang-Tai Hsieh가 추정하기로는, 뉴욕, 샌프란시스코, 산 호세의 '생산성 높은'productive 중심지에서 벗어나는 이주 현상은 1964년에서 2009년 사이 미국 경제성장률을 9.7% 깎아내리는 효과를 냈다.

이런 이상 현상의 직접적인 원인은 상상할 수도 없이 옹졸한 지역 이기주의 정치backyard politics다. 기본적으로는 지역 용도 규제로 인한 엄격한 택지 개발 제한이 집값 상승을 부추긴다. 하지만 국가 경제 중심지의 인구를 줄여나가는 과정이, 불평등을 심화시키고 계층 부동성을 강화하는 이 복잡다난한 이야기의 핵심을 이룬다는 점은 상대적으로 덜 알려져 있다.

부동산 가격 상승으로 인해 계층 분리가 심화되었다. 국토 곳곳에 보이지 않는 문이 생겨났으며, 문 앞에는 그 안에서 하룻밤 머무는 데 얼마가 필요한지가 고지되어 있다. 학력 격차는 훨씬 더 가속화되었다. 내가 사는 보스턴 주택가에서는, 성인 인구 중 53%가 대학 졸업장을 갖고 있다. 반면 바로 남쪽에 있는 변두리 주택지의 대졸자 비율은 9%에 불과하다.

이같이 경제력이나 학력 수준으로 이웃을 구분하는 일은 흔히 개인의 호불호 문제로 치부된다. 피부색이 같은 사람들끼리, 눈 색깔이 같은 사람들끼리, 끼리끼리 어울리고 싶어 한다는 식이다. 하지만 이런 분리는 실제로는, 돈으로 시작해서 모든 형태의 자산의 영역에서 이루어지고 있는 일부 계층의 부의 공고화와 관련되어 있다. 황금빛 우편번호를 가진 상류층 동네 옆에는 거대한 '현금인출기'가 자리 잡고 있다. 대마불사하는 거대 은행, 친숙한 테크 독점기업 등이 그것이다. 2016년도 5,230억 달러(약 616조5천억 원)에 달하는 재산세를 걷은 지방 정부는 그 돈을 자신의 지역에 붙들어 두려고 애쓴다.

경제 권력의 근접성이 돈을 쌓아두는 수단만은 아니다. 그것은 동시에 '자연선택'을 추동하는 힘이기도 하다. 이런 동네는 기대 수명이 높고, 유용한 사회적 관계망이 형성되어 있으며, 범죄율이 낮다. 반면 긴 출퇴근 시간은 비만, 목의 통증, 스트레스, 불면증, 외로움, 이혼 등의 결과를 낳는다고, 저널리스트 애니 로리Annie Lowrey가 〈슬레이트〉에서 보도했다. 한 연구 결과에 따르면, 배우자가 45분 이상 출퇴근하는 경우에 이혼율은 40%나 증가한다.

초중등 교육시스템만큼 계층 간 지리적 분리의 메커니즘을 명백히 보여주는 것은 없다. 공립학교들은 모두에게 기회를 주고자 하는 바람에서 생겨났지만, 가장 좋은 공립학교들은 상류층에 더 잘 복무하기 위해 효과적으로 다시 민영화되고 있다. 널리 인용되는 학교 순위 서비스에 따르면, 캘리포니아 소재 5천 개 이상의 공립 초등학교 중 상위 11개 학교가 테크 산업의 중심지이자 상류층 거주지인 팰로앨토에 위치하고 있다. 무상 교육이 제공되며, 대중에게 개방되어 있는 이 학교들에 입학하려면 이 지역으로 이사 가기만 하면 된다. 동네의 중간 수준 주택 가격이 321만 달러(약 38억 원)이긴 하지만 말이다. 이에 비하면 뉴욕 주의 스카스데일에서의 교육 기회는 거저나 다름없이 느껴진다. 그 지역의 공립 고등학교들에서는 해마다 수십 명의 학생들을 아이비리그에 진학시키는데도 집값 중간값이 140만 달러(약 17억 원)밖에 되지 않는다.

계층 간 분리가 심화되는 동시에 인종 분리는 점차 감소해왔다. 우리 9.9퍼센트는 이 점을 자랑스러워한다. 우리가 능력에만 신경 쓴다는 사실을 이보다 더 잘 입증하는 증거가 있을까? 하지만 실은 우리 9.9퍼센트는 지나치게 많은 증거는 원하지 않는다. 어떤 지역의 특정한 문턱을 넘어서는 순간—그 문턱 너머가 하위 5퍼센트인지 또는 하위 20퍼센트인지는 지역에 따라 다르다— 이웃들의 피부색이 갑자기 모두 짙어진다. 인종 분리 수준이 높은 지역일수록 계층 이동성이 낮아진다는 발견은 당황스럽긴 해도, 그다지 놀랍지는 않다. 그보다는 데이터에서 드러나는 또 다른 사실이 더 흥미로운데, 인종 분리에 따른 피해가 유색 인종에 국한되지 않는다는 점이다. 경제학자 라즈 체티 팀의 연구에 따르면, "높은 수준의 인종 분리는 백인들의 낮은 계층 이동성과 명백히 연관되어 있다." 이 상관관계는 미국의 모든 지역에서 작동하지는 않으며, 매우 복잡한 사회적 메커니즘을 반영해 통계를 낸 결과다. 하지만 이 상관관계는 19세기 미국의 노예 소유주들이 매우 잘 이해했던 진실을 드러낸다. 즉 피부색에 따른 차별은 언제나 90퍼센트의 사람들을 현상태에 계속 머무르게 하는 효과적인 방법이다. 그들의 인종과는 무관한 일이다.

부의 지역화localization와 함께 정치 권력의 지역화도 나타난다. 이때의 정치는 단순히 선거를 통해 구현되는 것만을 의미하지 않는다. 이로 인해 우리는 앞서 언급한 '인구 감소의 역설'에 빠지게 된다. 부유한 동네의 사회·문화적 자본을 감안하면, 용도지역을 둘러싼 자리 다툼zoning war[부유한 지역 주민들과 공동체는 정부의 용도지역 관련 법규, 역사유적 지정, 대중의 압력 등을 활용하여 고층 건물이나 대형 마트 건축, 광섬유케이블 허브의 설치 등등의 변화를 막는다. 이런 지역들에서는 신규 주택 건설 규모가 제한됨으로써, 공급이 수요를 따라가지 못해 주택 가격이 상승한다]에서 우리가 근거지를 지켜낼 수 있다는 사실은 하나도 이상하지 않다. 우리는 이런 이권 다툼을 건전한 공공 정신으로 포장하는 방법을 여럿 알고 있다. 모든 게 지역의 환경을 지키고, 동네의 역사적 특징을 보존하고, 과밀을 방지하기 위한 일이다. 하지만 사실은 우리 자신이 지은 성벽 안쪽에 권력과 기회를 쌓기 위한 일이다. 바로 귀족 계층이 하듯이 말이다.

우편번호로 드러나는 주거지는 우리의 정체를 대변한다. 우리의 스타일을 정의하고, 우리의 가치를 알리고, 우리의 지위를 공고히 하고, 우리의 재산을 지키고, 우리가 그 재산을 자녀들에게 물려줄 수 있게 한다. 우리는 그러면서 서서히 경제의 목을 조르며, 민주주의를 말살한다. 개츠비 곡선의 실물 버전인 셈이다. 전통적으로 미국 경제 성장사는 미국에 이주해 와서, 뭔가를 짓고, 친구를 초대하고, 다시 더 많이 짓는 사람의 이야기였다. 반면 지금 우리가 써내려가고 있는 이야기는 아무도 뒤따라 들어오지 못하게 문을 쾅 닫아버리고서 고급 주방기기 틈에서 산소 부족으로 서서히 질식해가는 사람의 이야기에 더 가깝다.

part 7

눈먼 개츠비의 진실

우리 가족 중에서 사라 고모는 진정한 신앙을 품고 있었다. 고모는 우리 가족이 고대 스코틀랜드 왕족의 직계 후손이라고 믿었다. 할아버지의 할아버지의 한참 더 할아버지인 윌리엄 스튜어트는 독립전쟁 당시 미국 군인이었으며, 조지 워싱턴 초대 대통령의 오른팔과도 같았다. 사라 고모 자신은 "포카혼타스의 여동생"의 후손 같은 거였다. 별로 그럴듯하지 않은 이야기였는데도, 사라 고모는 계속 그렇게 믿었다. 우리 가족은 어떤 이유로든 특별해야 했으니까.

9.9퍼센트는 이와 다르다. 우리는 우리의 특권에 오랜 기원이 있다고 착각하지 않는다. 사라 고모나 고모의

상상 속 공주들과는 달리 우리는 우리에게 특권이라고는 전혀 없다고 믿는다.

우리 '부족'tribe의 몇몇 구성원들이 감히 우리가 누리는 특혜를 주목하게 만든 어리석은 사람들에게 내보였던 반응을 생각해보라. 2017년에, 브루킹스연구소 연구원 리처드 리브스Richard Reeves가 『20 VS 80의 사회』*Dream Hoarders*라는 책에서 『뉴욕타임스』 독자들을 겨냥해 "부자가 아닌 척은 그만두라"고 하자, 많은 독자들이 "계급 전쟁"을 불러일으키려 한다고, "의미 없는 글"이라고, "죄책감에 사로잡혀 있다"며 그를 비난했다.

우리 같은 사람들을 예리하게 묘사한 책 『불편해하는 부자들』*Uneasy Street: The Anxieties of Affluence*에서, 사회학자 레이첼 셔먼Rachel Sherman은 이런 태도를 다음과 같이 설명한다. 누군가 우리가 누리는 특권을 일깨워주면 우리 중 다수는 보통 다음과 같은 대항 서사로 대응한다. 나는 평범한 가정에서 태어났다. 나는 스스로 생계를 책임진다. 25만 달러(약 3억 원)의 연봉으로 근근이 살고 있다. 우리 아이들이 다니는 사립학교의 다른 부모들을 보아야 한다. 그 사람들은 더하다.

이런 문제는 어떤 면에서는 미국인들의 '듣기' 능력이

떨어지기 때문에 발생한다. 미국인들은 사회에 대한 비판과 개인에 대한 모욕을 잘 구분하지 못한다. 그런 탓에, 복합적인 기원을 지닌 광범위한 사회적 문제를 지적하는데도, 이를 읽는 독자들은 "가만, 내가 성공했다고 욕을 먹어야 한다는 거야?"라고 반응한다.

또한 한편으로는 인식의 오류에 따른 흔해 빠진 자기중심성 탓이다. 사람들은 자기가 겪었던 어려움은 매우 잘 기억한다. 하지만 시내 반대편에 사는 사람들이 하루 종일 TV만화 〈심슨 가족〉 재방송을 보고 있는 게 아니라, 단지 빚지지 않고 살아가기 위해 최저 임금의 일을 두 가지씩 하고 있다는 사실은 거의 알지 못한다. 사람들은 자신의 성공을 단순하게 설명한다. 나도 그랬다. 성공의 도구와 발판을 마련해준 사람들의 존재를 쉽게 잊는다. 9.9퍼센트의 사람들은 지위 경쟁에서 오는 스트레스와 생존을 위해 치르는 스트레스를 툭하면 혼동한다. 하지만 그렇지 않다. 자녀의 스탠퍼드대 진학 실패는 인생을 뒤엎을 재난이 아니다.

우리의 특권이 점점 커지는 현실을 직시하지 못하게 하는 데에는, 그런 특권이 최근에 생겨났다는 점도 한몫한다. (완전히 형성된 적도 없는) 능력자 계층이 (신흥) 귀족 계층으로 진화하는 데에는 채 한 세대도 걸리지 않았다. 계급은 우리 생각보다 더 빨리 고착되고 있다. 하지만 우리의 인식은 평범한 계급으로 태어났다는 가정에 갇혀 이를 빠르게 받아들이지 못한다.

그러나 인간이라서 저지르는 이 같은 인식의 오류를 인정하더라도, 9.9퍼센트가 자신의 특권이 노력 없이 얻어낸 것이라고 누군가 암시만 해도 흥분해서는 운동장이 떠나가라 고래고래 소리를 질러대는 게 들리니 마냥 무시할 수는 없다. 부당하다고 저항하기 때문에, 못 들은 척할 수 없는 것이다. 진짜 부당한 일인지는 사실 확인이 필요하겠지만, 이런 일들 자체가 9.9퍼센트의 삶에 대한 더 깊이 있는 어떤 진실을 말해준다. 이런 일들이 우리에게 전하는 진정한 메시지는 귀족 계층이 된다는 게 흔히들 말하는 것과는 꽤 다르다는 점이다.

개츠비 곡선의 이상한 진실은, 그것이 우리의 특권을 지켜주긴 하지만, 우리의 모든 상황을 훨씬 더 수월하게 해주지는 못한다는 점이다. 예를 들어, 대령의 집안에서 성장하는 일이 그리 녹록지 않다는 건 나도 안다. 할아버지는 청소년 시절 비행을 저질렀다가 증조할아버지한테 너무 세게 맞는 바람에 공중으로 날아가서 방바닥에 큰대

자로 뻗어버렸다는 일화를 자주 들려주곤 했다. 당시 증조할아버지는 키 183cm, 몸무게 114kg의 거구였고 늘 모든 일에 화가 나 있었다.

『위대한 개츠비』의 주인공 제이 개츠비라면 어쩌면 이해했을 것이다. 개츠비가 거주하는 신흥 부자 동네 웨스트에그에서의 생활은 결코 눈에 보이는 만큼 평화롭지 않다는 점을. 부자 동네인 프린스턴에서 사립 고등학교를 나와서, 삶을 손쉽고 안일하게 살아가는 유한 계급의 게으른 왕자 '프린스턴 맨'은 앞 세대의 낮은 계급 사람들이 꾸며낸 이야기였을 뿐이다. 그런 이야기는 사람들이 위의 계급을 올려다보면서 보았다고 믿었던 것이다. 웨스트에그 거주자들은 한 번의 잘못된 행동이나 하나(어쩌면 서너 가지)의 불운이 가파른 추락으로 직결될 수 있다는 점을 매우 잘 이해했다. 우리는 그곳에서 살려면 얼마나 많은 돈이 들지나 겨우 알 뿐, 그곳에서 고립되어 사는 생활이 어떨지는 짐작조차 하지 못한다. 우리는 개츠비 곡선에서 인생의 근본적인 역설 하나를 직감한다. 즉 불평등이 심화될수록, 돈으로 살 수 있는 것은 줄어드는 법이다.

계급이 계급 자체를 위해 작동한다는 점을 우리는 뼛속 깊이 느낀다. 이 작동에 개인은 없어도 무방한 존재다.

우리 중 여럿은 버려지고 새로운 인물로 대체될 것이다. 특권 계층과 아래 계층 간의 골이 깊어짐에 따라 특권의 불안정성은 커져만 간다. 이런 불안정이 끊임없이, 우리가 벽을 쌓는 데 더 많은 시간과 에너지를 투자하는 동력이 된다. 다른 사람을 배제하고 우리를 안전하게 지켜주는 벽 말이다.

웨스트에그에서의 삶에 대해 알아야 할 또 다른 진실이 있다. 당신보다 위에 늘 누군가가 있다. 개츠비의 위에는, 이스트에그에 사는, 대대로 내려오는 부자 가문 사람들이 있었다. 우리 증조할아버지 위에는 록펠러가 있었다. 당신은 언제나 그들 눈에 들려고 애쓰지만, 그들은 언제고 당신을 제거할 태세를 취하고 있다.

더 깊이 들여다보면, 문제의 근원은 우리가 특권을 누리기 위해 보편적 권리를 포기해왔다는 데 있다. 우리는 훌륭한 교육 및 적절한 의료 서비스, 노동자로서의 권리를 지키기 위한 직장 내 적절한 대의제representation, 진정한 기회 평등 등 보편적인 권리를, 우리를 포함한 모두에게서 박탈하려 든다. 우리가 이 게임에서 이길 거라고 생각하기 때문이다. 하지만 특권을 늘리기 위해 경쟁하는 이 불안정한 게임에서, 진정한 승자가 될 사람은 누구일까?

지금 같은 상황에 있다 보면, 착각할 만도 하다. 하지만 착각은 착각일 뿐이다. 사라 고모는 그 사실을 너무 늦게 깨달았다. 증조할아버지의 재산이 일부나마 우리 아버지 대까지는 남아 있었기 때문에, 사라 고모는 자신이 품고 있는 가족 신화에 상응하는 원대한 상상을 이어갔다. 사업 감각을 물려받았다고 믿었기에, 고모는 닷컴 버블에 돈을 털어 넣었다. 그러고 나서, 사라 고모가 마지막으로 했던 일은, 플로리다 잭슨빌 근처 웬디스 매장에서 유니폼을 입고 버거를 서빙하는 것이었다.

part 8

분노의 정치

능력주의라는 '정치 신학'은 분노를 허용하지 않는다. 우리는 인생의 경쟁에 임할 때, 우리가 다들 각자 혼자인 것처럼, 남들을 쳐다보지 말고 자기 기록에만 집중하라고 배웠다. 누군가 롱아일랜드 수로에서 모터보트를 몰면서 자기 기록에만 신경 쓴다면, 그 편이 그 사람에게 더 나을 것이다. 경쟁에서 진 사람들은 그저 미소 지으며 승복하고 다음번에 더 노력하면 될 일이다.

현실에서, 우리 인간들은 늘 좌우를 살핀다. 우리는 남들의 생각과 행동을 강하게 의식하며, 남들이 우리에 대해 어떻게 생각하는지에 사로잡혀 있다시피 한다. 우리의 지위는 남들 눈에 비친 모습을 통해서만 확인되기 때문이다.

귀족 계층의 영향력을 가장 잘 입증하는 증거는 아마도 그들이 불러일으키는 분노의 정도일 것이다. 그런 기준으로 보자면, 9.9퍼센트는 정말이지 매우 잘해나가고 있다. 분노가 증가하고 있음을 가장 확실히 보여주는 징후는 정치적인 분리와 불안정의 심화이다. 우리가 이 시험을 잘 치러내 왔다는 것을 과거 2년 동안의 헤드라인에서 충분히 읽어낼 수 있다.

2016년 미국 대통령 선거는 미국 역사에서 결정적으로 분출된 분노의 순간이기도 했다. 도널드 트럼프의 모습을 빌려, 분노는 백악관에 입성했다. 한 줌뿐인 0.1퍼센트의 '슈퍼리치'(전부 다 미국인인 건 아니다)와 다수의 90퍼센트(이들은 9.9퍼센트가 지지하지 않는 거의 모든 것을 지지한다)가 연합해 이루어낸 일이었다.

CNN과 퓨리서치센터의 공동 출구조사에 따르면, 백인 투표자들의 트럼프 지지율은 상대 후보 지지율보다 약 20% 포인트 높았다. 이들 투표자들은 그저 보수적인 백인 노년층만이 아니었다(물론 대체로 나이가 많긴 했다). 그들 중 대다수에 대해 먼저 알아두어야 할 사실은, 그들이 신경제 체제에서 승자가 아니었다는 점이다. 그렇다고 그렇게까지 가난한 사람들도 아니다. 하지만 그들은 시장에 의해 받은 평가가 부족했다고 느낄 만한 이유가 있었다. 힐러리 클린턴을 지지한 지역이 미국 GDP의 무려 64%를 차지한 반면에, 트럼프를 지지한 지역이 차지한 비율은 36%에 불과했다. 온라인 부동산정보회사 질로의 선임 경제학자 에런 테라자스는 클린턴을 지지한 지역의 주택 가격 중간값이 25만 달러(약 3억 원)였던 반면에, 트럼프를 지지한 주들에서는 15만4천 달러(약 1억8천만 원)였다는 사실을 밝혀냈다. 물가 상승률을 적용해서 조정해보면, 클린턴을 지지한 지역의 주택 가격은 2000년 1월부터 2016년 10월까지 27% 인상되었지만, 트럼프를 지지한 지역에서는 6%밖에 오르지 않았다는 결과가 나온다.

트럼프 지지 지역의 주민들은 '건강 전쟁'에서도 패했다. 시라큐스대 사회학과 부교수 섀넌 모나트Shannon Monat에 따르면, 정부의 공공 의료보험 정책에 반대하는 후보들이 선두를 달리는 러스트 벨트Rust Belt[미국 북부의 사양화된 공업지대]는 '절망으로 인한 사망'—알콜, 약물, 자살로 인한 죽음—이 최근 몇 년간 가장 빈번했던 지역이다. 미국 전역을 트럼프 지지 지역과 똑같이 "위대하게" 만들려면 [트럼프의 대선 슬로건이 "미국을 다시 위대하게"였다는 점을 빗대어 쓴 표현] 총 GDP의 약 4분의 1을 불태우고, 국가의 공공주택 보유량 중 약 4분의 1을 바닷속으로 밀어넣고, 미국인의 기대 수명을 몇 년 정도 단축시켜야 한다. 트럼프가 가장 좋아하는 단어 중 하나가 불공정인 이유가 있다. 불공정이야말로 분노가 듣고 싶어하는 유일한 단어다.

그렇지만, (백인) 트럼프 지지자들의 가장 뚜렷한 특징은 소득 수준보다는 학력, 바로 낮은 학력이었다. 퓨리서치센터의 최근 분석에 의하면 트럼프는 대졸 백인 유권자에게서는 17% 포인트나 되는 굴욕적인 차이로 뒤쳐졌지만, 대학을 졸업하지 않은 백인들의 지지로 이를 만회했다. 이들에게서는 트럼프가 36% 포인트의 차이로 크게 앞섰다. 통계 전문가 네이트 실버Nate Silver의 분석에 따르면, 당시 미국 내 교육 수준 상위 50개 지역(카운티)에서는 지난 대선 때 민주당 후보였던 버락 오바마 전 대통령의 지지율에 비해서도 클린턴의 지지율이 급등했다. 이들 지역에서 2012년에, 오바마는 겨우 17% 포인트 차이로 이겼지만, 클린턴은 26% 포인트 차이로 이겼다. 교육 수준 하위 50개 지역은 반대 방향으로 움직였다. 오바마는 19% 포인트 차이로 졌지만, 클린턴은 31% 포인트 차이로 졌다. 소수민족이 주류를 이루는 지역majority-minority county도 똑같은 식으로 나뉘었다. 교육 수준이 높을수록 클린턴을 지지했고, 교육 수준이 낮을수록 트럼프를 지지했다.

1963년에 역사학자 리처드 호프스태터Richard Hofstadter는 미국인들의 삶에 퍼져 나간 반지성주의(『미국의 반지성주의』*Anti-intellectualism in American Life*)에 주목했다. 2008년에 저널리스트 수전 저코비Susan Jacoby는 『미국의 비이성 시대』*The Age of American Unreason*에 대해 경고했으며, 2017년에 미국 해군대 교수인 톰 니콜스Tom Nichols는 전문가의 죽음(『전문가와 강적들』*The Death of Expertise*)을 공표했다. 트럼프야말로 비이성의 시대에 걸맞은 영웅이다. 이 "자수성가한 사람"은 절대 그렇게 하지 못하는 사람들의 한결같은 숭배 대상이다. 그는 '아메리칸 드림'의 신성한 체현이자, 어느 누구의 눈치도 보지 않는 사람이며, 가난한 사람들이 '부자'를 생각할 때 떠올리는 바로 그 사람이었다. 비이성의 시대를 사는 사람들은 고학력 위선자들을 견딜 수 없이 싫어한다. 반면 정치에 대해 전혀 모르면서도 자신의 무지를 방어하기 위해서 공격적인 발언을 일삼는 트럼프는, 이상적인 정부란 기껏해야 세상 물정 모르는 지식인들[egghead, 지식인들을 못마땅하게 이르는 표현]을 끌어모아놓은 것에 불과하다고 믿는 사람들을 완벽하게 대변하는 대표다. 이성이 보통 사람common man의 적이 될 때,

보통 사람은 이성의 적이 된다.

이 보통 사람이 백인이라고 내가 말을 했던가? 이 사실은 미국식 분노의 다른 일면을 바라보게 한다. 대개는 이런 사실은 뒷전에 두고, 자신을 보호해줄 가상의 '부족'을 중심으로 똘똘 뭉친다. 자신들이 아니라 부랑자들, 알코올 의존자들, 정부 지원금이나 축내는 사람들handout queens이 문제라고 단정하면서 말이다. 그리고 우리의 (백인) 조상들처럼 애국심과 신앙심에 호소하는 것이 효과적 해결책이라고 여긴다. 정치학자 브라이언 샤프너가 조사한 바에 따르면, 트럼프는 "여성이 남성보다 권력 우위를 차지하려 든다"는 주장에 "매우 동의하는"strongly agree 유권자들에게뿐만 아니라, "백인들은 피부색 때문에 특혜를 누린다"는 주장에 "절대로 동의하지 않는"strongly disagree 유권자들에게도 이런 감정들을 쑤셔 넣었다. 유권자들의 반응이 인종차별이나 성차별보다는, 분노로 읽혔다는 점을 덧붙일 필요가 있다. 이런 반응을 보이는 사람들은 분명히 명백한 인종차별주의자와 성범죄자에게 투표하면서도, 자신은 절대 인종차별이나 성차별을 하지 않는다고 격렬하게 주장한다.

날 때부터 분노로 가득찬 사람은 없다. 군중 현상mass

phenomena, 인종차별, 외국인 혐오, 반지성주의, 나르시시즘, 비합리주의, 그외 다양한 분노의 변종들은 민주 정치에 치명적인 만큼 '생산' 비용도 많이 든다. 편향된 내용으로 제작된 TV프로그램, 지능적으로 조작된 소셜미디어 피드, 누군가가 돈을 들여 만들어낸 가짜 뉴스. 이런 것들이 쌓이고 쌓이면서, 인간의 불만족스러워하는 기본 성향을 자극해서 정치적 목적에 의해 조종당할 수 있는 지경까지 이르게 한다. 특히 인종차별은, 많은 미국인들이 믿고 싶어하는 바와는 달리, 단순히 과거의 유산이 아니다. 그것은 현재에도 끊임없이 시의적으로 새롭게 발명되고 있다. 미국사에서 나타난 대량 수감mass incarceration[미국은 교도소 수감자가 세계에서 가장 많은 국가인데, 그 배경 중 하나로 인종 문제를 꼽을 수 있다. 학계에서는 1960년대 흑인 민권 운동 진압 및 1970년대 '범죄와의 전쟁' 과정에서 흑인과 히스패닉을 대량 수감하기 시작했으며, 이는 인종차별을 강화하는 정치적 수단으로 쓰였다고 지적한다], 공포감 조장fearmongering, 인종 분리는 편견의 결과일 뿐 아니라, 편견을 재생산하는 수단이기도 했다.

미국 사회의 극심한 정치적 양극화는 사람들의 형편없는 매너나 상호 이해 부족 때문에 생겨난 결과가 아니다. 불평등 심화의 여파가 가시화된 것일 뿐이다. 0.1퍼센트(또는 이들 중 특히 공격적인 일부)가 없었다면 일어나지 않았을 일이다. 부유층은 항상 반대편을 분열시켜서 자기를 보존한다. 개츠비 곡선은 땅 위에만 장벽을 세우는 것이 아니다. 이 장벽이 사람들의 마음속으로 빠르게 퍼져나가고 있다.

9.9퍼센트도 그로부터 자유롭지 않다. 우리는 인종차별적 공격에 자금을 대는 사람들은 아닐 테지만, 일상에서 그런 공격의 기회를 축적하는 사람들이다. 우리는 이를테면 90퍼센트로부터 자원을 뽑아내어 0.1퍼센트로 옮기는 깔때기 형태의 기계를 작동시키는 직원이나 마찬가지다. 우리는 그 공정에서 우리 몫의 전리품을 만족할 만큼 챙겼다. 분노에 차 있고, 정치적으로 조종당하기 쉬운 사람들이 생겨나는 데 우리가 기여했는데도, 우쭐대고 멸시하는 태도로 방관했다. 이제 우리는 그 결과를 받아들일 채비를 해야 한다.

그 결과에 대해 우선 중요하게 염두에 두어야 할 점은 너무나 명백하다. 분노는 아무런 해결책이 되지 못한다. 분노는 개혁을 낳지 못한다. 그것은 '포퓰리즘'도 아니다. 그것은 민주주의의 한 가지 사례가 아니라, 민주주의의 불행이다. 분노의 정치로는 불평등을 줄일 수 없다. 그것은 오히려 불평등을 심화시킨다. 걷잡을 수 없이 무능한 트럼프 행정부에서 겨우겨우 만들어진 정책 변화 하나하나가 이를 분명하게 보여준다. 새로운 세법, 환경, 통신·금융서비스 규제에 대한 행정 조치, 보수 이론가의 사법부 임명. 이로 인해 앞으로 또 여러 해 동안 미국의 90퍼센트는 능력의 동산에서 고역을 치를 것이다.

두 번째로 새겨둘 점은, 다음에는 우리가 도마에 오를 거라는 사실이다. 분노하는 인구가 늘어나면서, 꼭대기를 차지한 채 즐거움을 누리는 무리는 점점 줄어들 것이다. 그리고 대중의 분노에 편승하여 영화를 누리는 이 무리는, 우리 9.9퍼센트가 경제 시스템의 심복일 때보다 대중의 대표적인 적model enemy 역할을 할 때, 자신들에게 더 유용하다는 사실을 결국 깨닫게 될 것이다. 민주당 지지 지역에 불리한 최신 세법 조항들이 9.9퍼센트 중 일부를 짜증나게 했지만, 그런 일들은, 분노의 정치가 확산될 때 우리가 겪게 될 나쁜 일들의 맛보기에 불과하다.[2018년부터 적용된 세법 개정안에 따라 주 및 지방세 공제 한도가 1만 달러(약 1,200만 원)로 제한되면서, 지방세 부담률이 높은 민주당 지지 지역 고소득자들의 세금 부담이 급증했다]

2017년에는 이 과정이 가져올 세 번째이자 가장 중

요한 결과가 충분히 확인되었다. 바로 '불안정'이다. 비이성적인 사람들은 제어되지도 않는다. 그 점에 대해 상세히 논하지는 않겠다. 다만 지난 5년 동안 벌어진 일들에 대해 '헌법적 위기'라는 어구를 넣어 검색해보라. 그것이 바로 개츠비 곡선과 관련된 일이다. 우리는 우리의 이익을 공고하게 굳혀가고 있다고 생각하지만, 이런 과정이 실제로는 전체 시스템을 취약하게 만든다. 역사를 돌이켜보면, 그 결말을 알 수 있다.

part 9

귀족은 어떻게 몰락하는가

몇 달 동안이나, 로버트 스튜어트 대령은 소환에 불응했다. 멕시코나 남미에서 너무나 민감한 비즈니스 협상을 하는 중이라서 대령의 정확한 소재지를 밝히면 국익이 위태로워진다는 식으로 대령의 변호사는 둘러댔다. 이런 거짓말은 몬타나의 상원의원 토머스 월시가 대령의 변호사를 법정에 세운 후, 그에게 대령의 사진이 실린 하바나 신문의 가십난 단신을 증거물로 건네줄 때까지 계속되었다. 준마를 몹시 좋아한다고 알려져 있는 대령은 경마 클럽에서 살다시피 하던 중이었다. 사진 속 대령은 하바나 요트 클럽에서 열린 으리으리한 만찬과 저녁 무도회에서도 카메라를 향해 웃고 있었다.

마침내 의원들이 대령을 소환해 정치계에 빈대처럼 퍼져 있는 유령회사 채권에 대해 질문했을 때, 그는 이 일의 관리·감독이 누구의 역할인지에 대해서만 언급하며 대답을 회피했다. 그는 "지금 이 심문이 미국법상 위원회의 소관이라고 생각하지 않는다"고 단언한 후 마치 호의라도 베푼다는 듯 덧붙였다. 자신은 "이 채권을 조금도 개인적으로 취득하지 않았다"고 말이다. 그가 한 말이 분명히 영어이고, 내가 제대로 알아들었다면, 이것은 사실이 아니다.

전설적인 스튜어트 왕조의 말년은 영예롭지 못했다. 한 기자가 비아냥댄 것처럼, 비싼 수임료를 받은 변호사가 의회 모독죄 혐의로부터 대령을 어물쩍 빼내는 데에는 성공했다. 하지만 록펠러 주니어는 대령이 일으킨 '홍보 대재난'PR fiasco 사태를 결코 용서하지 않았다. 주주들의 마음을 자기편으로 돌려보려는 길고 헛된 분투 끝에, 스튜어트 대령은 결국 싸울 기력을 잃고 가족들이 사는 낸터킷섬으로 돌아갔다.[석유왕 록펠러가 창립한 스탠다드오일은 1911년 최고재판소의 독점 금지 판결을 받아 33개의 회사로 쪼개졌다. 로버트 스튜어트는 그 중 하나인 인디애나 스탠다드오일에 변호사로 입사했다가 회장 자리까지 올랐다. 그 회사의 대주주가 바로 석유왕 록펠러의 아들인 록펠러 주니어였다. 스튜어트가 '티포트돔 스캔들'에 깊이 관여했음이 밝혀지면서 록펠러 주니어는

조직적으로 스튜어트 퇴진에 힘썼고, 1929년에 그를 회장직에서 축출했다]

하지만 이런 사건들 중 그 무엇도 부유한 석유 재벌들의 뇌물과 리베이트, 담합으로 얼룩진 티포트돔 스캔들이 만천하에 내보인 현실을 바꾸지는 못했다. 개츠비 곡선의 거대한 흐름에 휩쓸려, 미국의 민주주의는 벼랑 끝에 내몰렸다. 가진 자들이 여기에 책임이 있었다. 결국, 1920년대의 자본가들이 원한 것은 자본가라면 언제나 원하는 바로 그것이다. 그들의 심복들은 이를 충실히 이행했다. 미국의 제30대 대통령인 캘빈 쿨리지 행정부는 1926년에 대규모 조세 감면을 단행하면서, 이로 인해 모두가 각자 제대로 한몫씩 챙겨 집에 돌아갈 거라 확신했다. 부자들은 걱정할 일이 하나도 없어 보였다. 1929년 10월 대공황이 일어나기 전까지는 말이다.

이 같은 약탈 행위가 자행되는 동안 90퍼센트는 어디에 있었나? 상당수는 KKKKu Klux Klan[미국 남북전쟁 당시 노예제에 찬성했던 군인들이 결성한, 백인 우월주의를 표방하는 극우 비밀결사단체] 집회에 가 있었다. 90퍼센트 중 강경파들은(이들이 다수는 아니지만) 미국이 당면한 가장 큰 문제들이 빈둥거리는 이민자 무리 탓이라고 여겼다. 그리고 다들 알다시피, 이제는 바로 그 이민자의 자손들이 현재 미국의 가장 큰 문제들이 빈둥거리는 이민자 무리 탓이라고 믿게 되었다.

도금시대Gilded Age[남북전쟁 직후인 1865년부터 불황 직전인 1893년까지 미국 자본주의가 급속도로 발전한 약 30년간의 시대. 화려해 보이는 당대의 이면에서는 불평등이 심화되고 각종 사회문제가 발생했음을 풍자한 마크 트웨인의 소설 제목에서 이런 시대명이 유래됐다]에 시작되어 1920년대에 정점에 달했던 부의 집중이 초래한 유해한 파장은 불황과 전쟁이라는 격변기를 거치며 한풀 꺾인 듯 보였다. 오늘날 우리는 뉴딜 정책이 씨를 뿌리고, 전후 시대에 활짝 핀 사회복지 프로그램이 새로운 평등의 주요 동인이었다고 믿고 싶어한다. 하지만 그 같은 노력들은 원인이라기보다는 오히려 결과로서 등장했다고 보는 게 타당하다. 변화를 이끌어낸 진짜 원인은 죽음과 파괴였다. 금융 붕괴로 인해 부자들은 한발 물러났고, 전쟁을 겪는 동안 노동자들, 특히 일하는 여성들의 권리가 강화되었다.

불황과 전쟁이 도금시대를 덮친 것은, 미국 역사에서 파멸의 폭풍이 불평등의 불안정한 추세를 쓸어내버린 첫 번째 사례가 아니었다. 자본과 고용이라는 양 측면에서 볼 때, 19세기 전반 미국에서 가장 규모가 큰 단일 산업은 노예 산업이었다. 당시 노예 산업에서 부의 집중은 (미국 총 가구 수의 약 0.1퍼센트인) 4천 가구 미만이 이 '인간 자본' 중 약 4분의 1을 소유하는 지경에까지 이르렀다. (총 가구 수의 약 9.9퍼센트인) 또 다른 39만 가구가 나머지 노예 전부를 소유했다.

노예를 소유한 엘리트 계층은 그들을 추종하는 압도적 다수의 백인들보다 교육 수준이 훨씬 더 높고, 더 건강하고, 더 예의 바른 자들이었지만, 자신들이 노예로 삼은 이들에 대해서만큼은 신경 쓰지 않았다. 그들은 정부를 지배한 데다가 미디어, 문화, 종교도 장악했다. 종교계와 미디어 네트워크에서 그들 계층의 신봉자들이 노예 제도의 신성함과 선량함을 너무나 성공적으로 입증하는 바람에, 노예가 없는 수백만 명의 가난한 백인들조차 이 시스템을 지키는 데 목숨을 거는 것을 영예로 여길 정도였다.

이런 상황은 남북전쟁이 발발하면서, 군인 62만 명이 죽고 엄청난 재산 피해가 나고서야 종결됐다. 그 결과 미국 남부 지역은 한동안 공정한 '경기장'이 되었다. 비록 이런 분위기 또한 너무나 급속하게 반전되긴 했지만.

○

미국이 불평등의 세계사를 통틀어 가장 지독한 범죄국가라고 할 수는 없다. 유럽 국가들도 어느 정도의 불평등과 불안정을 겪었다. 이들 국가로부터 이주해온 식민주의자들이 세운 미국은 이를 한 세기 이상 되풀이했다. 고대 로마에서든 극동 지역에서든, 아시아에서든 남아메리카에서든, 이야기는 비슷하게 전개되어왔다. 『불평등의 역사』*The Great Leveler*에서, 역사학자 발터 샤이델Walter Scheidel은 전쟁, 혁명, 국가의 붕괴, 전염병, 기타 참사들과 같은 치명적인 대재앙에 의해서만 한 사회의 불평등이 확실히 끝났다는 사실을 충격적으로 입증하고 있다. 우울한 이론이다. 미국 역사상 세 번째로 불평등 국면이 최고조에 달하고 있는 지금, 이 이론이 사실과 다르다고 얼마나 확신할 수 있겠는가?

우리 자신이 새로운 존재라는 믿음은 우리 계층을 정의하는 한 가지 특징이다. 대개는 우리가 선조들에 대해 별로 아는 바가 없다는 뜻이다. 나는 오랫동안 증조할아버지 스튜어트 대령이 대대로 내려오는 대령 집안의 자손이며, 선조들로부터 엄청난 특권을 대물림했을 거라고 짐작해왔다. 사라 고모의 선전이, 생각보다 효과가 있었던 셈이다.

하지만 사실 스튜어트 대령은 1866년에 아이오와의 작은 농장에서 태어나 자랐다. 인디애나 스탠다드오일의 역사를 기술한 폴 기든스Paul Giddens가 "몹시 수수한 환경"이라고 설명한 지역이었다. 스튜어트 대령이 10대가 되었을 때 이웃들은 그에게서 뭔가 특별한 싹수를 보았고, 돈을 모아 시더래피즈라는 작은 도시에 있는 사립대인 코 칼리지로 그를 '유학' 보냈다. 이런 성장 과정을 알고 보면, 몇 년 후 예일대 로스쿨에 진학한 그 소년의 내면에 성공을 향한 욕구가 폭주하는 기차처럼 들끓고 있었을 것이라는 생각이 절로 든다. 하바나 요트 클럽에서 찍힌 사진에는 어쩌면 그가 오래전 미국 중서부의 한적한 평원 어딘가에서 금이 간 거울에 비춰 보았던 바로 그 모습이 담겼는지도 모른다.

part 10

무엇을 선택할 것인가

나는 『위대한 개츠비』의 결말이 지나치게 비관적이라고 믿고 싶다. 우리가 탄 배가 끝없이 과거로 되돌아갈 운명에 처했음을 인정한다고 해도, 과거 중 어느 때로 돌아갈지까지 정해져 있는 건 아니지 않은가?

역사를 살펴보면 귀족 중에서도 훌륭한 선택을 내린 사람들은 많이 있었다. 고대 아테네의 9.9퍼센트는, 그들의 통치 원리가 오늘날의 '민주주의' 형태가 아니었는데도, 개츠비 곡선의 치명적인 조류의 물꼬가 터지는 것을 한동안 막아냈다. 미국 혁명[18세기 후반 영국령이었던 북아메리카 지역의 식민지 13곳이 독립을 선언하며 일으킨 혁명. 전쟁과 사회 개혁 과정을 통해 미국 건국으로 이어졌다]의 첫 세대는 대개 9.9퍼센트에 속했지만, 최상위층 사람들에게서 등을 돌렸다. 국민의, 국민에 의한, 국민을 위한 정부를 만들기 위해서였다. 최고의 혁명은 아래로부터 시작되는 것이 아니라, 중상위 계층이 이루어내는 것이다.

이런 예외들은 역사상 드문 경우이긴 했지만, 현대에도 적용되는 이야기다. 총인구수, 평균 기대 수명, 물질적 부와 예술적 표현의 수준, 폭력의 정도 등등 삶의 질을 좌우하는 어떤 잣대를 적용해봐도, 현대는 이전 어느 시대와도 매우 다르다. 인간의 역사를 진보시킨 결정적 계기들에 대해 역사가들은 증기기관의 발명부터 미생물 발견, 기후 변화 등을 들어 복잡하게 설명하곤 하지만, 가장 결정적인 변수는 바로 평등이다. 현대의 세계사는 미국 혁명의 핵심 가치이기도 한 평등을 확산하는 과정이었다고 할 수 있다.

불평등이 가속화되고 공고해지는 흐름을 역전시켜 미국의 민주주의가 내건 약속을 재개하는 것은, 우리 시대의 본질을 규정하는 핵심적인 일이기도 하다. 불평등이 지배하는 한, 정치에서 이성이 작동하기는 어려울 것이다. 이성 없이는, 어떤 문제도 풀 수 없다. 우리는 세계적이고도 역사적인 난제에 당면해 있다. 하지만 지금까지 나왔던 해결책은 기껏해야 신발 상자 정도의 크기일 뿐이다.[문제

에 비해 해결책이 매우 작고, 사소했다는 뜻]

능력자 계층은 선한 의도로, 휘황찬란한 교실에 들어갈 사람을 가려내는 더 나은 선발 방식을 계속해서 제안해왔다. 잘했다, 하지만 우리는 명문대 출신을 배제하는 식으로 규칙을 바꿔서 개츠비 곡선을 물리치지는 않을 것이다. 시야가 좁은 정책 입안자들은 더 강력한 조세 지원, 가령 주택 대출 이자 공제나 학자금 저축 세제 혜택 같은 것들을 목표로 삼아왔다. 훌륭하다, 그런데 그래서 어떻게 되었는가? 보수주의자들은 기질적으로 해결책을 계속 재탕한다. 전통 혼례를 치르거나 구시대적 종교를 다시 믿듯이 말이다. 분명히, 가족 간 유대나 공동체의 결속을 재정비하는 것은 가치 있는 목표다. 하지만 그런 미덕을 내세우는 것만으로는 이 부정하게 조작된rigged 경제의 엄청난 압박에 떠밀리는 가족들을 구해낼 수 없을 것이다. 그동안, '입진보'coffee-shop radicals들은 혁명을 원한다고 말로만 떠들어왔다. 그들은 엄청나게 폭력적이고 파괴적인 방법만이 유일한 해결책이라는 점은 인정하지 않는 듯하다.

미국의 정치 사상은 사회의 길잡이 역할을 해왔을 뿐 항구적인 정책·제도로 작동되지 않았고, 따라서 실현되지도 않았다. 인간의 권리는 한 줌의 구호나 낡은 선언만으로 영구히 구현되지 않았으며, 그럴 수도 없다. 인간의 권리는 언제나 실제 우리가 살고 있는 세상보다 뒤쳐져 있었으며, 세상을 따라잡기 위해 급히 쫓아오는 형국이었다. 그리고 이제 우리는, 이 세상에서 건강을 잘 유지하는 수단, 문화에 누적된 지혜를 배울 기회 그리고 좋은 이웃들이 있는 동네의 괜찮은 집에 살면서 이런 것들을 누릴 수 있으리란 기대를 품는 일이, 시스템을 다루는 방법을 익힌 소수만의 특권이 아니라는 점을 이해해야만 한다. 이는 앞선 세대가 생명권, 자유권, 행복추구권이라고 불렀던 것들과 근본적으로 동일한 기본권이다.

그렇다, 정말 중요한 종류의 변화는 연방 정부가 조치를 취하도록 요구하는 데에서부터 시작될 것이다. 독점 권력을 만들어낸 연방 정부가 독점 권력을 파괴해야 한다. 정치에 돈을 끌어들인 연방 정부가 금권 정치를 없애야 한다. 노동에서 자본으로 권력을 이동시킨 연방 정부가 이 흐름을 돌려놓아야 한다. 변화는 또한 주와 지역 단위에서도 이루어져야 한다. 달리 우리가 어떻게 이웃의 문호를 개방하고 교육의 공공성을 재건할 것인가?

이런 변화가 일어나면 우리도 각자 뭔가를 내놓아야 할 것이다. 현재의 게임에서 성공을 거둔 사람이라면 아마 더 많이 내놓아야 할 것이다. 우리는 자신의 성공에 도취된 상태에서 벗어나 이웃 너머의 사람들을 위해 우리가 일상에서 할 수 있는 일에 대해 생각해볼 필요가 있다. 우리는 다른 사람들의 아이들도 기회를 갖도록, 우리 아이들의 미래가 거기에 달린 것처럼, 열심히 싸워야 한다. 정말로 아이들의 미래는 거기에 달려 있을 것이므로.

해제

누가 이 불평등의 폭주를 멈출 것인가

이상헌(국제노동기구ILO 고용정책국장)

불평등: 말의 성찬, 답보하는 정책

불평등 해소는 우리 시대의 최대 과제로 꼽힌다. 너나없이 불평등을 이야기한다. 다양한 스펙트럼의 국제기구들—국제통화기금IMF, 세계은행World Bank, 경제협력개발기구OECD, 국제노동기구ILO 등—도 불평등 문제에 관해서는 같이 목소리를 높이고 비슷한 분석과 처방을 내놓는다. 불평등은 도덕적, 사회적, 정치적 문제일 뿐만 아니라 경제적 문제이고, 불평등 확대는 경제 활력을 떨어뜨리고 경제성장과 경제 안정성을 약화시킨다는 점에 광범위하게 합의하고 있기 때문이다.

국제 정치에서도 상황은 마찬가지다. G20은 매년 포

용적 성장inclusive growth을 핵심 과제로 제시하며, 정상회담 때마다 불평등에 대응하는 화려한 선언문이 쏟아진다. 국내 정치에서라고 다를까. 언론은 자못 비분강개하고, 지식인들도 과감한 제안을 내놓으며, 정치인들은 한결같이 불평등의 정치적, 사회적 해악을 고발한다.

하지만 동시에, 너나없이 말해서인지 이 주제는 다소 진부해진 느낌도 준다. 그 이유는 현상적이면서도 본원적이다. 우선, 논의가 장구하다는 점을 들 수 있다. 불평등 문제는 2007~2008년 세계적 경기 대후퇴Great Recession 이전부터 지적됐다. 특히 불평등이 경제 위기의 원인 중 하나로 지목되면서 그 해결책에 대한 논의가 꾸준히 이어져왔다. 세계가 불평등과 본격적으로 샅바를 잡고 힘겨루기를 한 것이 족히 20년은 된다. 논의가 지루한 감이 없을 수 없다.

두 번째 이유는 좀 더 본원적이다. 이렇게 오랫동안 다루었으나, 해결의 기미가 보이지 않는다는 것이다. 말의 성찬만 있었을 뿐 현실적 변화는 더디기만 했다. 그것이 애당초 원인 분석이 잘못되었기 때문인지, 처방이 형편없었기 때문인지, 정치의 무능 때문인지에 대한 의견만 분분하다. 불평등 문제가 해결되기를 기대했던 사람들은 크게 실망하고 지쳤다.

쏟아져 나온 말에 비해 정작 변한 것은 없다는 대중적 실망은 불평등뿐 아니라 자본주의 경제 전체에 대한 것이었다. 경기 대후퇴 이후 자본주의를 체계적으로 개선해야 한다는 주장은 피할 수 없는 시대적 요청으로 받아들여졌고, "월가를 점령하라"Occupy the Wall Street 운동과 같은 실제의 사회적 행동으로 이어지기도 했다. 자본주의의 체질 개선을 위한 광범위한 처방도 뒤따랐다. 금융시장에 대한 엄격한 규제는 최소한의 조치로 인식되었고, 독점적 행위 방지와 조세 개혁도 필수불가결하다는 견해가 지배적이었다. 하지만, 자본주의 개혁을 위한 사회정치적 세력화 추세는 오래가지 못한 채 힘을 잃었고, 각종 제도 규제를 둘러싼 오랜 힘겨룸은 큰 결실을 맺지 못한 채 어영부영 끝났다. 바삐 움직여야 할 시기에 논의는 제자리걸음에 그쳤다.

역사적 맥락: '폴라니의 추'와 '쿠즈네츠의 법칙'

이 문제를 좀 더 긴 역사적 맥락에서 볼 수도 있다. 여기에서는 '폴라니의 추'the Polanyi's Pendulum라는 개념이 유용하다.[1] 20세기 중반에 명성을 떨쳤던 경제인류학자인 칼 폴라니가 만들어낸 이 개념의 핵심 논리는 다음과 같다. 자본주의는 노동, 토지, 화폐와 같이 상품이 아닌 것을 시장 논리에 입각하여 극단적으로 상품화시키는 경향이 있는데, 이것이 역설적으로 자본주의 시장경제 자체를 위협한다. 경제위기도 그렇게 해서 생긴다.

그렇다고 해서, 자본주의가 반드시 파국에 이르는 것은 아니다. 시장을 규제하고 노동을 보호하려는 제도적, 정책적 개입이 발생하기 때문이다. 역사적으로 노동법이나 복지국가가 그런 맥락에서 탄생했다. 물론 이런 시장 규제가 지나치게 진행되면, 그에 대한 반발로 시장주의가 득세한다. 따라서 자본주의는 시장 근본주의와 극단적 개입주의 사이를 시계추처럼 오간다. 폴라니는 이를 "이중운동"double movement이라 불렀다. 폴라니가 제2차 세계대전 이후까지의 자본주의 역사를 분석하고 내린 결론이다.

그의 분석은 2007년에 경제위기가 시작되었을 때 다시 큰 관심을 끌었다. 폴라니의 추가 되돌아오는 역사적

---

1 이상헌, 「'폴라니의 추'를 움직이려면」, 한국노동사회연구소 홈페이지, 2013.10.21. http://klsi.org/article/연구소의-창-폴라니의-추를-움직이려면

대전환의 출발점이라고 믿는 사람들이 많았기 때문이다. 이번 경제위기가 명백히 시장의 실패였고 극단적인 시장 근본주의의 결과였으니, 규제와 보호를 강화하는 방향으로 역사가 움직일 것으로 보았다. 하지만 지난 10여 년 동안, 폴라니의 추가 반대 방향으로 움직일 조짐은 그다지 보이지 않았다. 구체적인 역사 공간에서 작동하는 폴라니의 추는 자동적인 진동 작용에 의해서가 아니라 오로지 사회적 힘에 의해서만 움직이기 때문이다. 아직 추를 움직일 만한 정치사회적 세력이 나타나지는 않았다.

영역을 불평등의 문제로 좁혀보아도 상황은 마찬가지다. 경제학에서 불평등에 대해 '느긋한' 태도가 흔한 이유는 여러 가지다. 불평등이 정치나 사회 규범적인 문제라는 시각이 우세하고, 경제가 성장함에 따라 자연스레 불평등이 해소될 것이라는 믿음도 강한 편이다. 후자의 태도를 잘 보여주는 한 사례가 '쿠즈네츠의 법칙'Kuznets law이다.[2]

---

2 이 법칙의 실증적 타당성과 해석에 대한 구체적 논의는 다음을 참고할 것. Lee, S. and Gerecke, M., "Economic development and Inequality: Revisiting Kuznets Curve", *Labour Market Institutions and Inequality: Building Just Societies in the 21st Century*., J. Berg ed., (Cheltenham: Edward Elgar and ILO, 2015).

경제 성장 초기에는 불평등 증가가 불가피하며, 특히 소득 불평등도의 경우 산업화 단계에는 일반적으로 증가하지만 경제가 완숙한 단계에 접어들면서 떨어진다는 것이다. 쿠즈네츠가 19세기 후반과 20세기 초반의 미국과 독일의 소득 통계를 분석해서 내세운 가설인데, 어느 순간 경제학 '법칙'이 되어버렸다.

여기에 불평등 증가의 '필요성'에 대한 논리도 덧붙여졌다. 경제 성장 초기에는 성장을 위한 투자 자원이 필요한데, 이러한 자원을 확보하려면 저축이 있어야 한다. 고소득층과 기업은 투자 가능성이 높으므로, 이들에게 돈이 더 가게 된다면 저축과 투자가 효율적으로 증가한다는 것이다. 소득 불평등의 상승은 이런 과정의 '필요악'이다. 여기서 더 나아가, 불평등이 경쟁을 촉진한다는 논리도 보태졌다. 소득 불평등이 커지면 승자가 누리는 몫이 상대적으로 늘어나 경쟁이 활기를 띤다는 것이다. 요컨대 불평등은 경쟁과 생산을 촉진하는 자극제다.

하지만, 쿠즈네츠의 법칙은 '가설'에 불과했다. 그가 예측했던 것처럼 선진국에서는 불평등도가 줄어들었지만, 최근 20~30년 동안에는 다시 상승세가 지배적이었다. 흥미롭게도 쿠즈네츠 자신은 쿠즈네츠의 법칙을 부정하면서, 경제 성장에 따라 불평등도가 자동으로 줄어든다는 환상을 경계했다.[3] 불평등을 줄이는 힘은 시장 내에서 나오는 것이 아니다. 그가 특히 중시한 요인은 중저소득층의 정치적 지위다. 경제 성장과 더불어 불평등이 커지면, 중저소득층들이 자신의 상대적 소득 지위가 문제라고 느끼기 시작하고, 이를 해결하기 위해 정치사회적으로 조직하려는 경향이 강해진다.

이런 변화에 민감할 수밖에 없는 정치인들은 누진세 도입 또는 강화, 소득 이전 등을 통한 소득 재분배를 제도적으로 도입하기 위한 각종 입법 조치를 취하게 된다. 시민의 저항과 조직, 정치의 변화, 그리고 정책의 변화라는 삼박자의 변화 때문에 소득 불평등도가 줄어들게 된다는 것이 쿠즈네츠의 설명이다. 결국 그 법칙에서 가장 결정적인 변수는 정치사회적 변화이지만, 이 변화의 조짐은 여전히 보이지 않는다.

---

3 이상헌, 「쿠즈네츠는 쿠즈네츠 법칙을 부정한다」, 『한겨레21』, 2014.7.3. http://h21.hani.co.kr/arti/economy/economy_general/37371.html

9.9퍼센트의 책임이라는 도발적 주장

이런 교착 상태에서 "변화를 가로막는 자는 누구인가?"를 묻는 것은 지극히 자연스러운 일이다. 상위 1퍼센트나 최상위 0.1퍼센트의 버티기 작전과 이들에 포획된 정치권에게 비난의 화살이 몰리는 것도 놀랍지 않다. 토마 피케티가 『21세기 자본』*Capital in the Twenty-First Century*에서 0.1퍼센트가 향유하는 부의 규모를 보여 주었고,[4] 조지프 스티글리츠는 『불평등의 대가』*Price of Inequality*에서 대담한 개혁이 '포획된 정치' 때문에 좌절되는 상황을 고발했다.[5] 벤처 기업과 디지털 기술 등에 의해 시장경제는 보다 경쟁적인 구조로 바뀌고 있다는 대중적 인식과는 달리, 실제 시장은 점점 독과점 구조로 바뀌고 있다는 점도 서서히 드러났다. 이를 통해 오늘날의 경제에서는 지대 추구rent-seeking가 심화되고 있다. 독점 철폐와 경쟁 촉진이 새삼스러운 과제로

---

4 Piketty, T., *Capital in the Twenty–First Century*, (Cambridge: Belknap Press, 2014). 토마 피케티, 『21세기 자본』, 장경덕 옮김 (파주: 글항아리, 2014).

5 Stiglitz, J.,*The Price of Inequality: How Today's Divided Society Endangers Our Future*, (New York: W.W.Norton & Company, 2012). 조지프 스티글리츠, 『21세기 자본』, 이순희 옮김 (파주: 열린책들, 2013).

등장했다. 이 모든 것이 피라미드의 맨 꼭대기에 서 있는 최상위층을 겨냥하고 있다.

매튜 스튜어트는 이 책에서 이러한 일반적 논의의 흐름을 드러내면서 "왜 우리가 불평등 문제에 대해 광범위하게 동의하는데도, 우리의 행동과 정책은 더디고 무책임한가"라고 묻는다. 폴라니 식의 질문이라면, 왜 폴라니 추를 움직일 사회정치 세력이 형성되지 않고 있느냐는 것이고, 쿠즈네츠 식이라면 왜 중산층이나 저소득층이 정치적 소리를 조직하지 않느냐는 질문이다.

저자의 대답은 도발적이고 자극적이다. 0.1퍼센트만을 보지 말고, 그 바로 아래에 있는 9.9퍼센트를 살펴보라고 한다. 그리고 자신을 포함한 9.9퍼센트 그룹의 책임을 정면으로 거론한다. 9.9퍼센트는 세상이 왜 변하지 않는지 한탄하고 비판하지만, 사실 그들이야말로 변하지 않는 세상의 '주요 공범자'라는 것이다. 그의 주장은 개혁을 향한 하위 90퍼센트의 움직임을 사실상 봉쇄하는 이가 바로 신흥 엘리트 계급인 9.9퍼센트라고 해석할 수도 있다. 도발적인 만큼, 문장도 강렬하고 논쟁적이다. 에둘러 가지 않고 핵심 이슈를 정면 돌파한다. 자기비판의 성격도 강하다. 자신의 경험을 곳곳에 배치했고, 가족의 역사도 스스

럼없이 불러낸다. 그래서 이 책은 고백론이자 고발장이다.

왜 9.9퍼센트인가?

그렇다면 왜 9.9퍼센트인가? 이 질문에 대한 저자의 답은 다양하고 포괄적이지만, 세 가지 측면이 특히 주목할 만하다. 우선, 9.9퍼센트의 안정적인 소득 몫이다. 계층별로 소득 분포의 부침이 컸던 지난 50여 년간 9.9퍼센트는 놀라울 만큼 안정적인 소득 몫을 누려왔다. 하위 90퍼센트의 소득 몫이 줄어들고, 그 줄어든 몫을 상위 0.1퍼센트가

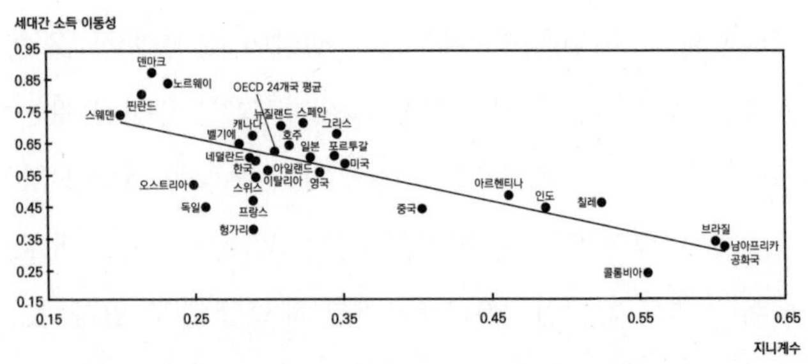

[그림 1] 소득 불평등이 심할수록(지니계수가 높을수록) 세대 간 소득 이동성(자녀 세대의 소득 수준이 부모 세대의 소득 수준과 현저하게 달라질 가능성)은 줄어든다. (출처: OECD, *A Broken Social Elevator? How to Promote Social Mobility*, 2018, Figure 1.13)

가져가는 동안, 9.9퍼센트는 별다른 상대적 손실 없이 꾸준히 자신의 몫을 지켜왔다.

둘째, 9.9퍼센트의 '선방'은 자신의 세대뿐 아니라 자녀 세대에도 중요하다. 저자가 이 책에서 광범위하게 인용하는 '위대한 개츠비 곡선'에 따르면, 불평등이 증가하면 계층 이동성은 줄어든다. 다시 말해서, 계층 간의 소득 불평등이 늘어나는 만큼 자녀 세대들이 자신의 부모보다 더 나은 소득 기회를 누릴 가능성은 줄어들고, 자신의 소득이 부모의 소득 수준에 따라 결정될 가능성이 높다는 뜻이다. 2018년에 OECD가 내놓은 분석 결과에서도 여전히 이런 상관관계가 강하게 나타난다([그림 1]).

셋째, 9.9퍼센트는 이러한 '성취'를 방어할 수 있는 강력한 내러티브를 만들어냈다. 바로 능력주의다. 운과 정치적 연출을 통해 부를 키워 온 최상위 0.1퍼센트와는 달리 9.9퍼센트는 오로지 자신의 탁월한 능력과 근면성에만 의지했다는 논리인데, 9.9퍼센트의 대부분이 의사, 변호사, 교수 등과 같은 전문직 종사자라는 사실 덕분에 이 논리의 수용성은 높아졌다. "나는 이런 걸 누릴 자격이 있어. 왜냐하면 오로지 내 힘으로만 이룬 것이니까"라는 정당화 논리는 9.9퍼센트의 강력한 무기였다. 또한 이들은 다른 계층과 달리 경제, 정치, 사회 등 모든 면에서 담론을 만들어 내고 전파할 수 있는 능력을 가졌다. 복잡한 지적 논리를 통해 소득 형성에 관한 사회경제적 윤리를 체계화하면서 동시에 자신의 처지도 옹호하였다. 정치적으로는 자유주의적, 때로는 진보주의적 지향을 보이면서도 자신의 경제사회적 지위를 굳건하게 지킨다.

스튜어트는 9.9퍼센트가 이런 방식으로 경제적 이해와 정당화 논리를 결합하는 데 성공했다는 사실에 주목하면서, 이들은 사실상 "새로운 귀족 계층"과 진배없다고 비판한다. 오늘날 사회경제 체제에 공고하게 자리 잡은 신계층이니, 그들이 굳이 그 체제를 위태롭게 할 이유는 없다. 오히려 이들은 불평등한 체제를 강고하게 만드는 데 기여한다는 것이다.

9.9퍼센트의 진화 방식: 귀족 계급으로의 전환

9.9퍼센트는 중세의 기사처럼 칼을 휘두르며 세상의 기존 질서를 공고화하지는 않는다. 억압적이거나, (적어도 표면적으로는) 차별적이지도 않다. 다양한 정치적 견해에 열려 있으며 사회적 소수자에게도 크게 공감한다. 딱딱한 양복

보다는 캐주얼한 옷을 선호하고, 문화적 스펙트럼도 넓다. 단적으로 말해서, 정치사회적으로 '세련된' 계층이다. 이런 세련됨은 스튜어트가 정의한 "특권 계급"의 특징과는 거리가 있어 보인다. 그런데 저자는 왜 이들을 계급class[6]으로 규정했으며, 어떻게 이들은 계급으로 진화했을까?

스튜어트가 계급이라는 용어를 과감하게 사용한 이유는 무엇보다도 9.9퍼센트의 사회경제적 지위의 세습 가능성inheritance 때문이다. 앞서 본 것처럼 그는 소득 이동성 또는 계층 이동성에 특히 주목한다. 9.9퍼센트의 특권 계급으로의 진화는 궁극적으로 세습의 방식과 관련되어 있다.

세습은 능력주의에서 시작된다. 9.9퍼센트는 자신이 누리는 사회경제적 혜택은 오로지 본인의 지적 능력과 근면함에 따른 것이고, 누구든 그런 혜택에 접근할 수 있다고 주장한다. 즉 능력과 노력의 영역이지, 특권과 운의 영역은 아니라는 것이다. 하지만, 9.9퍼센트의 신흥 엘리트는 이 계급에 진입하는 동시에 그 입구에 담을 쌓기 시작한다. 의사, 변호사, 교수, 고급 공무원 등과 같은 전문직

---

6 본문에서는 'class'를 '계층'으로 번역했으나, 해제문에서는 세습성을 강조하기 위해 '계급'으로 번역하였다.

을 떠올려보라.

담쌓기는 두 가지 효과를 낳는다. 우선 이런 전문직의 독점적 지위를 높여서 지대 추구 경향을 강화한다. 이른바 '전문직 프리미엄'을 높이는 것이다. 출입구를 단단히 단속할수록 전문직에게는 자신들의 서비스 가격을 결정할 수 있는 힘이 커지고, 관련 수입은 늘어난다. 이런 방식의 수입 증대는 능력이나 노력, 즉 능력주의와 무관하다.

둘째, 독과점적 지위에 기반한 전문직 프리미엄이 커질수록 이를 자녀 세대에 물려줄 유인도 커진다. 이 계급이 자녀 교육에 대한 투자에 사활을 걸 수밖에 없는 이유다. 이런 교육 투자는 자녀가 자신이 누리는 능력 프리미엄을 이어받을 수 있게 하는 것이 핵심이므로 배타적 성향을 강하게 띤다. 따라서 대학 입학 시스템의 복잡성은 그들에게는 오히려 환영할 만한 일이다. 그들만이 그 복잡성을 이해하고 대처할 수 있기 때문이다. 돈과 지적 능력을 동시에 요구하는 개인 교습이나 입시 준비 과정도 마찬가지다. 대학 등록금이 천정부지로 오르는 것도 한편으로는 그들의 경제적 부담을 가중시키지만, 다른 한편으로는 '그들만의 리그'에 속하지 못한 그룹을 편리하게 배제하는 효과도 있다. 교육 비용의 증가와 함께 9.9퍼센트 엘리트 그

롭은 최고 대학의 프리미엄도 꾸준히 높여가면서, 교육 투자가 손해 보는 장사가 되지 않도록 한다. 물론 이를 위해서는 전문직 프리미엄도 꾸준히 높여야 하기 때문에 독점적 담쌓기의 중요성은 더 커진다.

셋째, 투자 영역은 지적 능력에 그치지 않는다. "마음도 튼튼, 몸도 튼튼"이야말로 9.9퍼센트의 세습 과정이 지향하는 바다. 건강의 계급성, 즉 소득과 건강의 상관관계는 수많은 실증 연구를 통해 입증되었다. 부유한 사람은 오래 살 뿐만 아니라 더 건강하게 산다. 부유할수록 스트레스, 우울증, 중독 등 정신적 고통에서 자유롭다고 한다.[7] 이뿐만 아니다. 이 책에서 구체적으로 다루고 있지는 않지만, 9.9퍼센트의 신흥 계급은 육체적 아름다움에 대한 투자도 게을리하지 않는다. 그들은 잘생긴 얼굴이나 뛰어난 몸매가 심미적 즐거움을 가져다줄 뿐만 아니라 금전적 소득을 올려준다는 점을 안다. 이를 흔히 '미모 프리미엄'이

---

7 Wilkinson, Richard G. and Pickett, Kate E., *The Inner Level: How More Equal Societies Reduce Stress, Restore Sanity and Improve Everyone's Well-Being*. (London: Penguin Press, 2019). 리처드 윌킨슨, 케이트 피킷, 『불평등 트라우마』, 이은경 옮김 (서울: 생각이음, 2019).

라 부른다.[8] 9.9퍼센트는 프리미엄이 있는 분야라면 어디든 투자를 게을리하지 않는다.

넷째, 이와 같이 전방위적 투자를 하는 상황이므로, 배우자 선택도 당연히 전략적으로 한다. 당사자가 의도하지 않는다 하더라도, 본능적으로 선별적 짝짓기를 하게 된다. 끼리끼리 결혼함으로써, 전방위적 투자의 결과가 9.9퍼센트의 성곽 내에 머무르도록 한다. 이 지점에서 이 책은 불평등한 세상에서는 결혼도 사치재임을 고발한다. 가난은 곧 결혼에 필요한 금전적, 시간적, 정신적 자산이 없다는 뜻이기 때문이다. 게다가 9.9퍼센트가 주도한 자녀 교육 투자 비용의 급속한 증가는 곧 결혼 비용의 증가를 의미한다.

다섯째, 끼리끼리 결혼하는 것만으로는 특권 계급화 과정이 완성되지 않는다. 기왕에 9.9퍼센트가 투자해 얻은 편익을 자신의 그룹 내에서만 누리고자 한다면, 전략적 짝짓기를 통한 생물학적 결합과 더불어 지역적 공고화가 필요할 것이다. 즉 그들은 끼리끼리 모여 산다. 이 책은 그

8 Hamermesh, D., *Beauty Pays: Why Attractive People Are More Successful*, (Princeton: Princeton University Press, 2011). 대니얼 해머메시, 『미인경제학』, 안규남 옮김(파주: 동녘사이언스, 2012).

들의 주거지를 "황금빛 우편번호"라 묘사한다. 이런 과정은 편익을 확대하고 보존하는 것을 넘어, 9.9퍼센트만의 독특한 세계관, 방어 논리, 이데올로기를 만들어내고 전파하는 데 중요하다. 자기들끼리만 보고, 모이고, 대화를 나눔으로써, 90퍼센트와 분리된 '세상의 논리'를 끊임없이 생산한다. 능력주의라는 강력한 신화는 이런 지극히 물질적 과정을 통해 등장한다.

여섯째, 9.9퍼센트는 정부의 핵심적 기능을 전담하고 있다. 필요하다면 0.1퍼센트를 견제하고 비판하는 일도 '공공의 이익'을 위해 행한다. 또한 정부를 가장 열렬히 비판하는 것도 9.9퍼센트이다. 정부를 바꾸지는 못하겠지만, 정부를 움직이는 힘이 있기 때문이다. 그 결과, 이 책에서 냉소적으로 묘사한 것처럼, 9.9퍼센트는 정부를 강력하게 비판하는 와중에도 정부가 자신들의 이익을 위해 정책을 펼 수 있도록 한다. 그리고 성벽을 높이 쌓아 올리면서 바깥의 불만이 커지면, 그 불만을 자신이 아닌 정부로 향하게 한다. 특권 계급의 문제를 '일반 정책'의 문제로 편리하게 바꿔버리는 것이다. 동시에 그들은 "위에 늘 누군가가 있다" 는 점을 잊지 않는다.

미국적 특수성인가, 보편적 현상인가?

9.9퍼센트를 불평등 사회의 '주요 공모자'로 지목하는 이 책의 도발적인 문제 제기는 미국의 최근 변화에 근거한 것이다. 미국인인 저자의 개인적 경험까지 보태어져서, 이 책의 내용은 상당히 '미국적'인 것이 사실이다. 따라서 이 책의 비판적 고찰은 보편적이라기보다는 미국적 특수성을 반영하고 있다는 주장도 나올 수 있다. 특히 9.9퍼센트라는 그룹의 실제 존재 여부가 큰 쟁점이 될 수 있다.

이 문제를 몇 가지 측면으로 나누어서 살펴보자. 우선 통계적인 측면에서 따져보자. [그림 2]는 주요 국가들의 상위 10퍼센트 소득 몫을 보여준다. 지난 50여 년 동안 이 그룹의 소득 몫이 꾸준히 늘어났음을 확인할 수 있다. 미국에서의 증가 폭이 두드러지기는 하지만, 대체적인 추세는 유사하다. (여기에서 별도의 그림을 통해 세세한 통계를 제시하지는 않지만) 상위 1퍼센트도 유사한 추세를 보인다. 이들 국가에서는 대체적으로 상위 9퍼센트의 소득은 상승하고 있거나 안정적이다. 한국의 추세도 이와 다르지 않다. [그림 3]이 보여주듯이 상위 1퍼센트는 물론, 상위 10퍼센트도 전반적으로 자신의 소득 몫을 꾸준히 늘려왔다. 단순한 통계 비교이긴 하지만, 이는 이 책의 논의

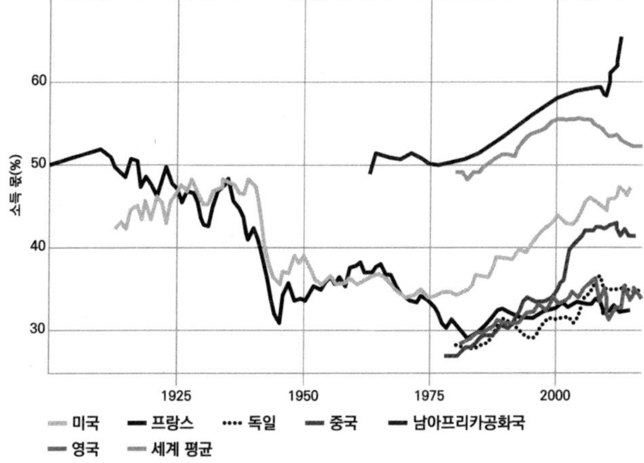

[그림 2] 주요 국가별 상위 10퍼센트의 소득 몫 (출처: World Inequality Database, https://wid.world/)

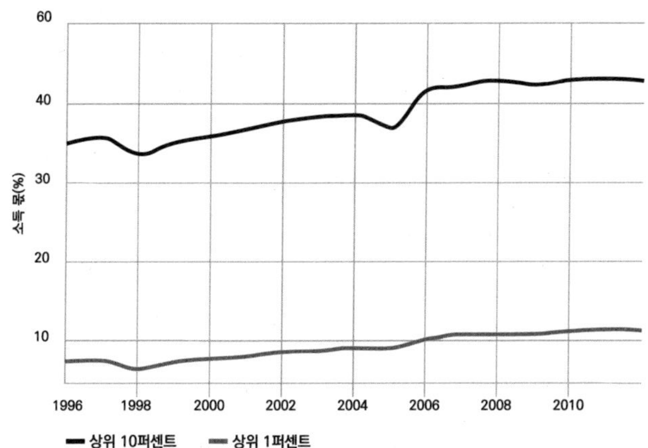

[그림 3] 1996~2012년 한국의 소득 분포: 상위 1퍼센트와 상위 10퍼센트 (출처: World Inequality Database, https://wid.world/)

가 미국에 국한된 것만은 아님을 시사한다.

미국의 9.9퍼센트를 분리해서 이들을 특정 계층 내지는 계급으로 분류하는 이 책의 관점을 다른 국가에도 적용할 수 있을지는 장담할 수 없다. 통계적 미비와 부정확성 논란이 해소되지 않았기 때문이다. 미국 내에서도 이 책의 내용이 『애틀랜틱』에 발표되고 나서, 논란이 있었다. 문제는 9.9퍼센트가 아니라 상위 1퍼센트라는 반론도 계속 제기됐다.[9]

하지만, 이 책의 의의는 통계적 엄밀성보다는, 불평등한 소득 구조를 지속시키는 정치사회적 원인을 논쟁적인 방식으로 따져보는 데 있다. 이 책이 9.9퍼센트라는 통계적 그룹을 끌어들인 것은 신흥 특권 계급의 출현이 불평등의 확대와 지속의 배후에 있다는 주장을 하기 위한 것인 만큼, 핵심은 9.9퍼센트라는 숫자라기보다는 신흥 특권 계급의 존재다. 이들이 꼭 9.9퍼센트일 필요는 없고, 어떤 국가에서는 5퍼센트일 수도, 어떤 국가에서는 10퍼센트

9 Jordan Weissmann, "Actually, the 1 Percent are Still the Problem", 〈Slate〉, 2018.5.18. https://slate.com/business/2018/05/forget-the-atlantics-9-9-percent-the-1-percent-are-still-the-problem.html

일 수도 있다. 즉, 이 책의 보편성을 판단할 때 9.9퍼센트가 표방하는 정치적 메시지의 유효성 여부가 중요하다.

이런 면에서 이 책이 주목하는 신흥 특권 계급의 정치적인 분리와 이로 인한 불안정의 심화는 대단히 중요한 현상이다. 이것들은 오늘날 "분노의 정치"와 긴밀히 연결되어 있다. 더 나아가, 전문직 엘리트에 대한 대중의 광범위한 불신과도 닿아 있다. 전문직 엘리트가 내세우는 능력주의가 '그들만의 리그'에만 적용되어 결과적으로는 불평등의 확대에 기여하고 있다는 사실이 대중적 분노를 일으킨다. 그들의 능력주의는 공정하지 않다는 비판이 거세며, 따라서 그들의 말과 주장을 믿지 않게 된다. 때로는 이런 대중의 반응은 때때로 반지성주의나 비합리주의로 묘사되는데, 이런 관점 또한 엘리트 그룹의 나르시시즘적 산물인 경우가 많다.[10]

---

10 Collier, P., *The Future of Capitalism*, (London: Allen Lane, 2018); Giridharadas, A., *Winners Take All: The Elite Charade of Changing the World*, (New York: Knopf, 2018); Rajan, R., *The Third Pillar: How Markets and the State Leave the Community Behind*, (New York: Penguin Random House, 2019)

전망과 도전: 무엇을 할 것인가?

그렇다면 어떻게 할 것인가? 이 질문에 대해서 이 책은 비관적이기 때문에 낙관적이다. 역사적으로 모든 특권 계급은 몰락할 수밖에 없었기 때문에, 9.9퍼센트도 몰락할 것이라고 비관적으로 본다. 노예제를 유지했던 계급의 소멸이라는 다소 '거친' 예까지 동원한다. 한편 이 책이 낙관적인 이유는 이 과정이 '몰락'이 아니라 '선택'의 과정일 수도 있기 때문이다.

이 과정은 9.9퍼센트가 자신이 누리고 있는 특권을 다른 이들에게로 확대하는, 평등의 확대 과정이다. 이전 세대들이 사회적으로 자유, 생명권, 행복추구권을 확보했다면, 여기에 더해 지금의 특권 계급은 평등이라는 기본권을 실질적으로 확보해야 하는 책임이 있다. 독점적 이익의 철폐, 공공성의 강화, 시민사회 및 공동체 강화도 필요하다. 그 과정에서 그들은 손해도 볼 것이다. 하지만 이는 엄밀히 따지면 '부당이익'을 되돌려주는 정상화 과정일 것이다. 이렇게 되면, 9.9퍼센트는 불평등의 공범자가 아니라 '폴라니의 추'를 움직이는 개혁 세력이 될 것이며, 인간의 권리를 한 단계 진보시키는 일등공신이 될 것이다. 그리고, 이 책이 날카롭게 지적한 것처럼, "인간의 권리는 한

줌의 구호나 낡은 선언만으로 영구히 구현되지 않았으며, 그럴 수도 없다."

과감하고도 고통스러운 이런 변화는 소수의 생존만을 위한 것이 아니다. 사회 전체의 행복과 안정이 달린 문제다. 이 책은 더 나아가 그것이 새로운 사회의 전제 조건이라고 주장한다. 모든 사회경제 세력은 도전받지 않으면 변하지 않는다는 것이 현대사의 뼈아픈 교훈이다. 9.9퍼센트를 견제하고 압박하고 현명한 사회적 선택을 하게 하는 힘은 90퍼센트에서 나온다. 그런 의미에서 이 책은 모두를 위한 책이다. 널리 읽히고, 폭넓고도 실천적으로 논의되길 바란다. 9.9퍼센트에게 주어진 선택의 시간이 많지 않다.

추천의 글

능력주의의 허구를 넘어, 불평등을 직시하라

김창인(청년담론 대표, 『청년현재사』 저자)

"다들 불평등이 문제라고 말하는데도, 도대체 왜 세상은 평등해지지 않을까?" 『부당 세습』은 그 궁금증에 대한 답을 밝히고 있다. 현실의 불평등에 대한 이해관계가 우리 눈에 보이지 않는 최상위 0.1퍼센트에게만 있을 리는 없다. 0.1퍼센트 대 99.9퍼센트라니, 만약 그것이 사실이라면 진즉에 이 불평등은 끝장났을 것이다. 0.1퍼센트와 비슷한 이해관계를 가지고, 이러한 현실을 유지하는 데 복무하는 9.9퍼센트 또한 불평등의 공범이다.

불평등의 책임을 상위 9.9퍼센트에게까지 묻는 것은 과도하지 않나는 반론이 제기될 수 있다. 9.9퍼센트는 0.1퍼센트와 달리 일상생활에서 눈으로 볼 수 있고, 친구일 수도, 회사 동료일 수도 있기 때문이다. 하지만 반대로 생각해보면, 그렇기 때문에 그들은 자신이 기득권자인 것을 인식하기 어렵고, 자신이 누리는 모든 것을 그저 '노력의 대가'로 착각하기 쉽다. 그러나 진실은 이와 다르다.

이 책이 말하듯 기득권을 구성하는 것은 단순히 '돈' 뿐만이 아니다. 인간관계, 교육, 문화, 생활 반경 등이 복합적으로 작용한다. 게다가 그들은 자신의 기득권을 세습하기 위해 굳이 무리하게 부도덕하거나 불법적인 행동을 할 필요가 없다. 이미 사회 제도와 법이 그들의 편이기 때문이다. 그래서 '공정'한 경쟁을 통해 명문 대학에 들어가고 대기업에 취직하거나, 자신의 능력만으로 창업에 성공하고, 자유연애를 통해 끼리끼리 결혼을 한다. 이 모든 것이 정말 온전히 '개인'의 '능력'만으로 가능했던 것일까? 당연히 그렇지 않다. 그 '개인주의'와 '능력주의' 자체가 허구다.

이 책은 돈에서 출발해, 거주와 부동산, 펀드, 학력과 학벌, 결혼으로까지 이어지는 일련의 불평등 연쇄 고리를 낱낱이 고발하고 있다. 너무나 견고해서 깨질 것 같지 않은 불평등의 실체를 확인하려는 이들, 합법적 세습을 통해 권력을 유지해온 한국의 귀족들을 보며 답답했던 가슴을 뻥 뚫어줄 시원함을 찾는 이들에게 권하고 싶다.

부당 세습

: 불평등에 공모한 나를 고발한다

처음 펴낸날 2019년 10월 4일

지은이 매튜 스튜어트
옮긴이 이승연
감수·해제 이상헌
펴낸이 주일우

편집 박우진, 윤자형
디자인 권소연
펴낸곳 이음
등록번호 제2005-000137호
등록일자 2005년 6월 27일
주소 서울시 마포구 월드컵북로 1길 52
전화 02-3141-6126
팩스 02-6455-4207
전자우편 editor@eumbooks.com
홈페이지 www.eumbooks.com

ISBN 978-89-93166-96-5 03330

값 12,000원

이 도서의 국립중앙도서관 출판예정도서목록(CIP)은 서지정보유통지원시스템 홈페이지(http://seojin.nl.go.kr)와 국가자료공동목록시스템(http://www.nl.go.kr/kolisnet)에서 이용하실 수 있습니다.
(CIP제어번호: CIP2019036473)